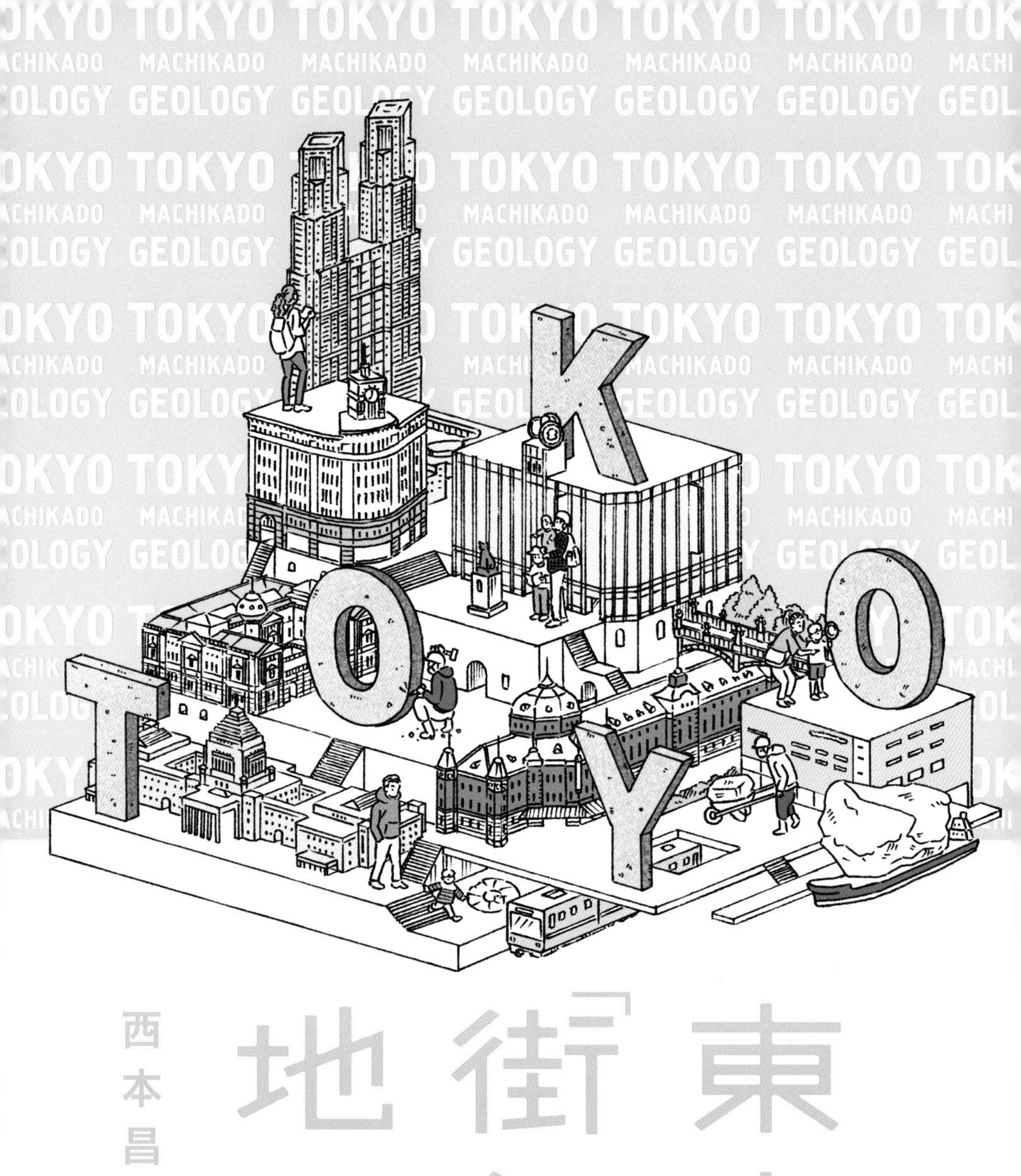

東京「街角」地質学

TOKYO
MACHIKADO
GEOLOGY

西本昌司
SHOJI NISHIMOTO

イースト・プレス

はじめに

東京がこれほど魅力的な街だとは思っていなかった。

あちこちで石に魅了されてしまう。

たとえば、赤れんがづくりというイメージがある東京駅丸の内駅舎も、窓枠の白い部分や、黒い屋根は石である。ドーム内の床の幾何学模様は石でつくられており、化石まで入っている。駅舎内の壁面はキラキラ輝く石で覆われ、駅前広場には歩きやすいよう加工された石が敷かれている。

百貨店を覗いてみれば、壁も柱も、階段の手摺も、きれいな石で装飾されている。三越日本橋本店の床に敷いてある石はフロアごとにすべて違うし、髙島屋のエレベーターまわりの石は4種類もある。

高層ビルにも、たいていロビーや床に石が使われている。カフェのカウンターやテーブルが石であることも多いし、洋館に入れば、暖炉（マントルピース）が石でつくられている。

東京は石だらけだ。

石に注目して街を歩けば、その美しさ・多様さに気付く。どこでどのようにしてできた石なのか知りたくなる。さらに、なぜこの石を選んだのだろうとか、なぜ同じ石で補修しなかったのだろうとか、余計なことまで気になってしまう。

そんな石の見方・楽しみ方を「街角地質学」と呼ぶことにしよう。

街の中にある石には、そこに置かれるまでの物語がある。石に秘められた物語を掘り起こすことができれば、街の景色が変わって見える。

街角地質学で、石の魅力と東京の魅力を再発見しよう。

西本昌司

東京「街角」地質学 CONTENTS

01 TOKYO MACHIKADO GEOLOGY
近代的な石材利用のはじまり（明治）

02 TOKYO MACHIKADO GEOLOGY
華やかな石材の時代（大正～昭和初期）

03 TOKYO MACHIKADO GEOLOGY
現代における石材の多様化（戦後）

CHAPTER

3

地球の営みを感じる石めぐり

石材でたどる大地の歴史

01

TOKYO MACHIKADO GEOLOGY

日本列島成立後にできた石

02

TOKYO MACHIKADO GEOLOGY

化石でたどるテチス海の生物

COLUMN

CHAPTER

1 街角地質学とは何か？

石材を見て楽しむ基礎知識

東京の街に静かに佇んでいる石たちは、どこでどのようにしてできた石なのか、なぜこの石が使われているのか。ぼうっと見ていてもわからないが、石を見るポイントを知れば、あとは慣れるだけで違いがわかるようになってくる。化石なんてすぐ見つかるようになるし、岩石の種類までわかるようになる。それは、ワインのテイスティングみたいなもので、ある程度の慣れと経験が必要だろう。

石材を見分ける一番のポイントは模様や色である。岩石は鉱物の粒が集まってできているので、それら粒の集まり方しだいで様々な模様や色合いが変わって見えるからだ。

石が見分けられるようになると、人と大地の物語が見えてくる。ただ、そのためにはちょっとした知識があったほうが楽しめることは間違いない。石に秘められた物語を掘り起こしていくツールにしていただくため、街角地質学の基礎を解説したいと思う。

01

TOKYO MACHIKADO GEOLOGY

東京の街を彩る石の生い立ち

石材はどこに使われているか

都会は石だらけだ。——そう言うと、「え、石は山や川に転がっているものじゃないの？」と言いたくなるかもしれない。

たしかに、都会の道端に石がゴロゴロ転がっているわけではない。建物にハメ込まれていたり、道端にそっと置かれていたりするから、それが石であることに気付いていないだけかもしれない。しかし、都会を歩けば石を見かけないなんてことはない。マンションの玄関、駅の階段、地下街の壁や床など、意識して見れば、そこらじゅうに石が使われていることに気付くだろう。

百貨店や高級ホテルとなれば、そこは石の世界である。

エントランスやロビーの壁や床が石で覆われていることが多い。近代建築として名高い、三越日本橋本店、日本橋髙島屋、伊勢丹新宿本店などでは、石が彫刻されたり磨きあげられたりしていて、重厚感のある落ち着いた雰囲気を醸し出している。オフィスビルのロビーも石壁になっていることが多く、丸の内や大手町界隈の大きなビルでは、吹き抜けの高い壁が上のほうまで石に覆われており圧巻だ。

東京を彩る石たち

左上＝「稲田石」でできた東京証券取引所／右上＝東京オペラシティの「庵治石」の石積み／左中＝新東京ビルヂングの石材アート／右中＝「小松石」を使った丸の内パークビルディング／左下＝新宿イーストサイドスクエアの石材が敷きつめられた中庭

ビルの壁や床だけではない。高層ビルのまわりの公開空地などは、たいてい石で覆われているし、ビル名あるいは会社名を書いた碑も石であることが多い。公園に設置してあるベンチ、オブジェ、モニュメントだって石でできている。丸の内仲通り、銀座の歩道、お台場のテラスなどのように、歩行者の歩くところが石畳になっていることもある。住宅街に入っても、石の塀や表札があったり、坂道の脇に石垣があったりする。

都会は石だらけであるが、その石は、加工され、「石材」として利用されているものである。しかし、考えてみれば、ビルの壁なんて、コンクリートだけであっても機能上は問題ないのだから、石材を使う必然性はない。わざわざ石材でデコレーションしているのだから、人々が石に美しさを感じているということなのだろう。

しかし、石材の魅力は、外見の美しさだけではない。そこに置かれるまでの物語を秘めていることである。どのようにしてできたのか、どのようにして運ばれてきたのか、そんな石の生い立ちを考えながら、東京の街を彩る石を見てみよう。街角地質学の第一歩はそこから始まる。

石材の名前を知ると物語が見えてくる

おいしいワインに出会えば、銘柄を知りたくなるというものだ。銘柄がわかると、生産地、ぶどうの種類、年代などがわかる。すると、どんな人がどんな思いでどのようにしてつくったのか、背景にある物語にいろいろと想像をめぐらすことができて楽しくなる。

石材も同じである。石材の種類（銘柄）がわかると、産地、岩石の種類、形成年代などがわかる。すると、どんな人がどんな思いでどのようにして運んできたのか、どのようにしてできた岩石なのか、背景にある物語にいろいろと想像をめぐらすことができる。

つまり、石材が見分けられて、街の歴史や文化、地球の歴史と関連づけられれば、想像の幅が広がり、楽しめるということだ。街の歴史や文化に関しては近代史や建築史の知識が役に立つし、地球の歴史に関しては地質学の知識が役に立つ。

まずは、気になる石材を観察して、石材あるいは岩石の種類を調べてみよう。そして、近代史、建築史、地球史などと結びつけて考察してみよう。石材を通して、都市の文化や歴史と地球の変動の物語を垣間見ることができるはずだ。それが街角地質学。知的興奮を呼び起こしてくれる石材の楽しみ方である。

石材を集めてきた東京の歴史

東京は、石材を探し求めてきた街である。荒川の河口に広がる湿地帯だった東京に、もともと大きな石なんて採れない。採れないのだから、どこからか運んで来るしかなかった。

東京がまだ江戸だったころ、石材が使われていたのは江戸城の石垣くらいだっただろう。その石材も遠くから船で運ばれてきたものである。まずは、神奈川県の真鶴や静岡県の伊豆半島から、その後、紀伊半島や瀬戸内の島からも運ばれてきた。

明治になると、石材の需要は高まった。ひとことで言えば、明治維新の近代化によって、東京に建設される建物に石材が使われるようになったからである。当時、不平等条約の解消のためには欧米並みの文化を持っていることを示す必要があるという考えがあり、街並みの欧米化・近代化が押し進められていた。

江戸城本丸中之門の石垣。これだけ大きな石を運んできたことを想像するだけで気が遠くなる

そのころの欧米では、歴史主義（西洋の過去の建築様式を復古的に用いて設計された建築のこと）の威風堂々とした石造建築が流行していたため、日本でもそれを模倣した石造建築がつくられることになったのだろう。1872（明治5）年の大火で銀座一帯が焼け野原になったことも、耐火性の高いレンガと石造りの洋風建築を後押ししたのかもしれない。いずれにせよ、建築用石材の需要が高まり、全国で石材が切り出されるようになった。日本銀行本店本館の外壁に使われた「北木石」（55ページ参照）は、そんな石材の代表である。

1920（大正9）年に始まった国会議事堂の建設は、東京に持ち込まれる石材をさらに増やしたと思われる。なにしろ日本の中心に総石造りの巨大な建物が現れたのである。しかも、建物の内部を含めて国産石材だけでつくる方針となったものだから、国内のどこにどんな石材があるのか調べられ、採石場（丁場）開発のきっかけになった（75ページ参照）。

そして、1923（大正12）年の関東大震災によって、建築物に石材を使う理由として耐火性が重要となった。一方で、御影石《みかげ》（花崗岩）が熱に弱いこともわかったため、「擬石《ぎ》」（42ページ参照）の利用が増えたのかもしれない。昭和初期に建設された地方の役所などでは、石材と擬石の両方が多用されている。

その後、鉄筋コンクリートの発達や戦時体制になったこともあり石材の需要は低迷したものの、戦後の経済成長とともに、石材の利用が増えていった。高層ビルが次々と建設されるようになると、エントランスロビーや柱などの目立つところに磨きあげられた石材が競って使われるようになった。それは、高級感や豪華さを演出するための装飾用石材であり、経済成長の証でもあった。

そして、現代。東京の街には、ますます装飾用石材が使われるようになっている。そのほとんどが海外から持ち込まれたもので、産地は、ヨーロッパ、南米、アフリカ、中国、東南アジアなど、実にさまざま。石材を見るだけでも、社会のグローバル化を実感できる。

このように、江戸時代以降、日本の政治・経済の中心であり続けた東京には、人も富も集まっていたから、石も集まった。人々がそれぞれの時代で求めてきた石は、腐ることがないから、街の

1990年竣工の都庁建設では、外壁を海外産石材で覆うため大量の石材が輸入された

和光本館は関東大震災により一時建設が中断、1932年に竣工した

どこかに残り続け、蓄積してきた。頑丈な石、加工しやすい石、模様が美しい石など、用途に応じた石材が持ち込まれ、街のあちこちで使われてきた。

今や、日本中、世界中から集められたさまざまな石材が見られるのだから、東京の街は、さながら〝石材博物館〟である。それら石材には、日本の近代化と経済発展の歴史が刻まれているのだ。

石材の流行は時代とともに変化する

東京の発展とともに街の中に蓄積してきた石材は多種多様である。しかし、常に同じ石材が使われていたわけではない。使われる石材には流行がある。

近代化の時代からずっと使い続けられている石材がある一方で、ある時期に広まりその後衰退した石材もある。

かつては地元で採れる石材がその地域で使われるのが普通であったが、時代の流れや交通網の発展とともに広範囲に流通できるようになった。また、交通網の発展以外にも、石材の採掘方法の変化、採石場の開発あるいは閉鎖、建築デザインの変化など、

グニャグニャ模様の御影石は21世紀以降に流行

トラバーチンは高度経済成長期に流行

さまざまな事情によって、流通する石材の種類が変化すると考えられる。

だから、建物に使われている石材を見ると、その建物の建築された時期が推定できることがある。たとえば、ベージュのトラバーチンが使われていれば高度経済成長期の建物、ぐにゃぐにゃ模様の御影石が使われていれば21世紀になってからの建物だろう。

もちろん、古い在庫を使う可能性もあるし、改修して石材が取り替えられていることもあるから、石材だけで断言できるわけではない。それでも、石材の流行を知っていれば街歩きの楽しさは増すというものである。

ついでに言っておくと、石材の貼り方にも流行がある。石材を切ったときに現れる模様を合わせるときの〝柄合わせ〟のやり方である。まるで本を開いたように合わせる「ブックマッチ」、模様が連続するように合わせる「片流れ」、あるいは模様の連続性を考慮しないランダムな貼り方がある。日本では、昭和のオフィスビルにはブックマッチが多いが、最近は片流れが多い。同じ石材でも、貼り方が違うと見た目の印象も変わり、デザインの視点から石材を眺めることができる。

筋模様がななめに連続する貼り方“片流れ”

柄を左右対称に配置する貼り方“ブックマッチ”。石材は「アラベスカート」

流行というのは時代とともに変わるものだから、建築物の竣工年を調べてみると楽しめる。慣れてくると、石材を見るだけで、昭和っぽいとか、バブル期っぽいとか感じることができるようになるだろう。詳しくは第2章で触れたい。

石材と岩石の違いを知る

街角地質学を楽しむため、理解しておいてほしいのが、岩石と石材の違い。

日常会話では、どちらも区別せずに「石」と言ってしまうことが多いが、本来、「石」を自然物と捉えれば「岩石」、材料として捉えれば「石材」と、使い分けるべきところである。

このことは、樹木と木材の違いと比べるとわかりやすいだろう。樹木としては同じスギであっても、木材としては、秋田杉とか吉野杉などと、地名を冠して呼ばれていることが多い。石材の呼び方も同様で、国産石材なら、「小松石」、「伊豆石」、「大谷石」、「稲田石」、「北木石」など、地名を冠して「○○石」と呼んでいる。海外産でも、伝統的な石材名には、「ビアンコカラーラ」のカラーラ、「インディアナライムストーン」のインディアナなどのように、地名が入っていることが多い。石材名に地名を入れるのは、地域の名産物を明示するブランド名あるいは銘柄だからである。

ブランドなのだからイメージが大切で、地名を入れずに、情緒的価値を高めることを狙ったような名前もある。国産であれば、「淡雪《あわゆき》」、「更紗《さらさ》」など、海外産であれば、「ブルーパール」「アラベスカート」などがそうで、磨いたときに見える模様をうまく表現したネーミングである。

石材のネーミングは、製品差別化を目的としたマーケティング戦略として行われている面もあるだろうから、そういった視点で銘柄を調べるのも面白そうである。

石材の銘柄を知ることは、産地が特定できるという重要な意義がある。たとえば、街で見かけた石材が「ビアンコカラーラ」だとわかれば、イタリアから運ばれてきたものだとわかる。おまけに、ミケランジェロのダビデ像の石だということもわかる。石材の銘柄がわかれば、石の生い立ちが見えてくる。

しかし、石材を区別することは、たやすいことではない。と

旧島津邸にある山口県産"大理石"「更紗」の暖炉（マントルピース）

旧前田侯爵邸の玄関に使われている徳島県産"大理石"「淡雪」

「アラベスカート」は英語で唐草模様を表すアラベスクが名前の由来（横約10cm）

「ブルーパール」は光が入ると石の中で反射し青く輝くのが魅力（横約10cm）

いうのも、同じ石材であっても、模様のバリエーションが広く、一部だけを切り取った写真だけでは判断できないからだ。それに、石の質感やツヤは言葉で表現しづらく、実物を見ないとなかなかわからない。結局のところ、たくさん見て慣れることが、一番の早道である。ただ、ひとつ言えることは、「岩石」の知識があったほうが、見るべきポイントがわかるということである。

岩石の種類がわかればルーツがわかる

「石材」に対して、「岩石」は科学用語である。科学用語であるからには、はっきりした定義があり、岩石とは「鉱物の集合体」のことを指す。ごはん粒や鮭フレークなど食べ物の集合体をおにぎりというのと同じことだ。では、鉱物とは何かというと、石英、雲母、方解石など、化学組成で表される均質な天然の無機物である。たいていの宝石はひとつの鉱物を取り出して磨いたものであるが、石材はたくさんの鉱物が集まった岩石を磨いたものである。

さて、岩石は、鉱物の「粒」がたくさん混ぜこぜになっているから、遠目には、モザイク画のように、粒の集まり具合でさまざまな模様が見えてくる。たとえば、大きな粒が小さな粒の中にあれば斑《まだら》模様に見えるし、黒っぽい粒が多い部分と少ない部分が交互にあれば縞模様に見える。そんな鉱物の粒が集まってできるパターンを、岩石の「組織」という。デザインをしている方なら、英語で「テクスチャ（texture）」といったほうが馴染みがあるかもしれない。

このため、岩石は、粒（鉱物）の種類と組織（テクスチャ）で分類されている。岩石の組織は、その岩石がどのようにしてできたのかを反映しているので、岩石名（岩石の種類）がわかるということは、岩石のでき方、いわばルーツがわかるということである。たとえば、岩石名が花崗岩だとわかれば、その岩石は、地下深くでマグマがゆっくり冷えてできたということがわかる。

岩石の種類もさまざまだが、大きく分類すれば、堆積岩・火成岩・変成岩の3つのグループだけである。

堆積岩は、水の底や地表などに降り積もったものが固まってできた岩石。地層をつくっている泥岩、砂岩、礫《れき》岩、石灰岩などは小学生で習うし、化石が入っていることがあるので、覚えている人も多いだろう。

火成岩は、マグマが固まってできた岩石。花崗岩、閃緑岩、斑レイ岩、流紋岩、安山岩、玄武岩、の6種類を必死で覚えた記憶がある人もあるだろう。

変成岩は、堆積岩や火成岩が融《と》けることなく変化した岩石。これは、高校地学を取らないと学校で学ぶ機会はほとんどないから馴染みは薄いかもしれないが、結晶片岩、片麻岩、ホルンフェルスなど聞いたことのある人もあるだろう。

東京の街には、たいていの種類の岩石が揃っている。同じ岩石であっても見かけが違うもの、日本では産出しないもの、何億年も前にできたもの、化石を含むもの……多種多様な岩石に触れて観察できる。直接見ることで、写真ではわからないような光沢や質感までも感じ取ることができるのだから、図鑑よりも楽しく学べるというもの。東京の街は〝岩石博物館〟でもあるのだ。

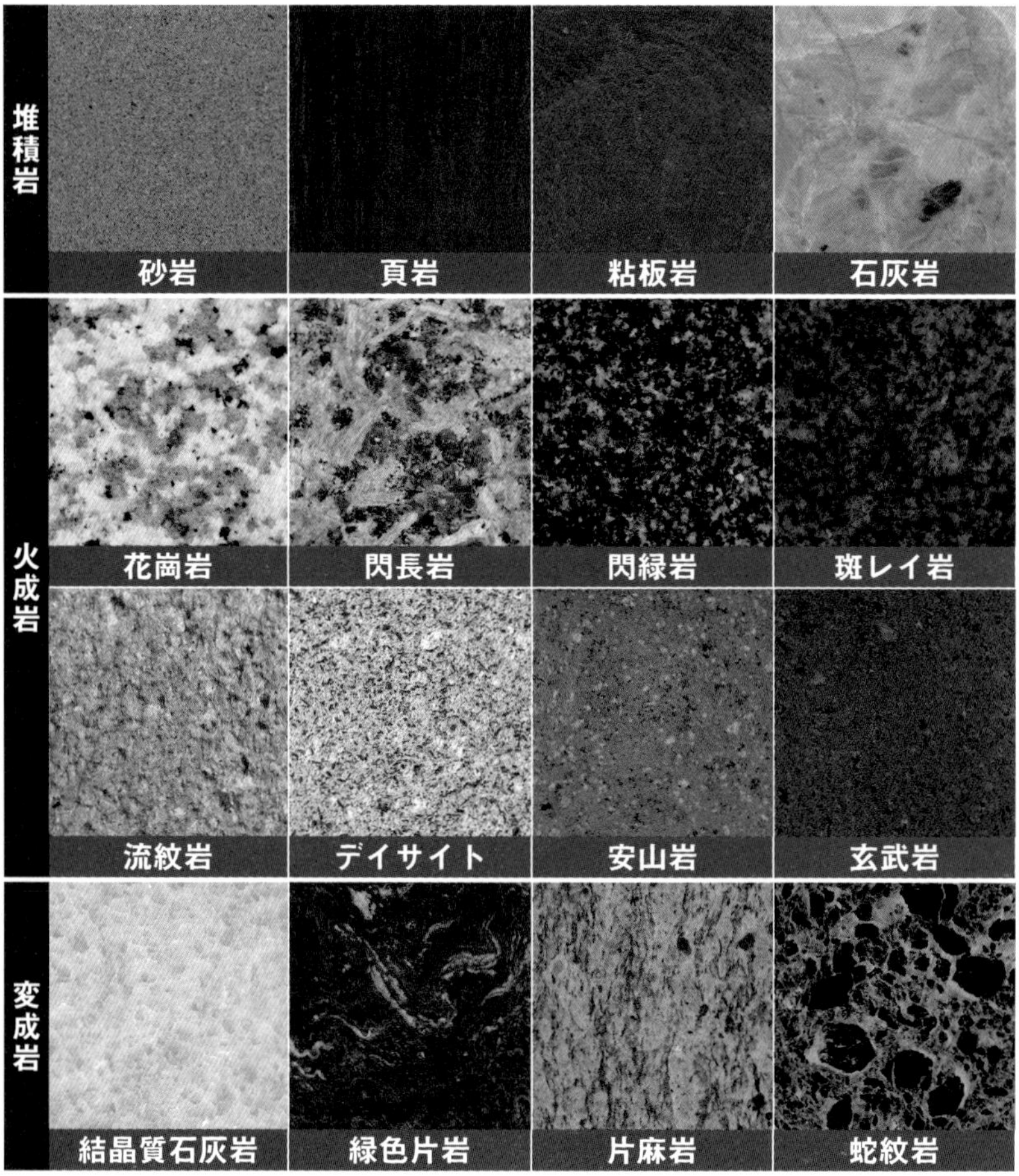

石材として見ることができる岩石（横幅約 5cm）

砂岩：ピエトラセレナ（イタリア）
頁岩：稲井石（宮城県石巻市）
粘板岩：雄勝石（宮城県石巻市）
石灰岩：フィオールディペスコ・カルニコ（イタリア）
花崗岩：藤岡みかげ（愛知県豊田市）
閃長岩：モンシーク（ポルトガル産）
閃緑岩：備中青御影（岡山県矢掛町）
斑レイ岩：ラステンバーグ（南アフリカ）
流紋岩：抗火石（東京都新島）
デイサイト：由良石（香川県高松市）
安山岩：本小松石（神奈川県真鶴町）
玄武岩：バサルティーテ（イタリア）
結晶質石灰岩：霰（山口県美祢市）
緑色片岩：伊予青石（愛媛県新居浜市）
片麻岩：ジャロサンタセシリア（ブラジル）
蛇紋岩：ティノスグリーン（ギリシャ）

石材名は人々の営み、岩石名は地球の営み

本書では、石材を「大理石」「御影石」「火山性石材」「その他」に分類することにする［注1］。

このうち、大理石ならほとんどの人が聞いたことがあると思う。しかし、改めて「大理石ってどんな石？」と聞かれたら、返答に困ってしまう人が多いのではないだろうか。インターネットで検索しても、中国の「大理」という地名から大理石と呼ばれるようになったことは共通しているものの、それ以外の内容はまちまちで混乱している。石の捉え方が、石材業界と地質学とで異なっていることがあまり理解されていないからだろう。

地質学でいう大理石は結晶質石灰岩のことで、石灰岩が熱を受けて再結晶したものである。ところが、石材業界でいう大理石は、内装向けの装飾用石材の総称であり、岩石種の定義があるわけではない。結晶質石灰岩だけでなく、石灰岩、苦灰岩（ドロストーン）、蛇紋岩なども大理石に含められている。

御影石も同様である。もともと「御影」は神戸市の地名で、六甲山から切り出され御影の港から運び出されていた岩石が花崗岩であった。だから、御影石とは花崗岩のことだと思っている人もいるようだ。しかし、石材業界でいう御影石は、外装向けの石材の総称であり、花崗岩だけでなく、閃緑岩、斑レイ岩、片麻岩など、多様な岩石種が含められている。

こうした石材の分類に、地質学をかじった人は違和感を感じてしまう。しかし、科学的に見るか、用途や模様で分けるかという違いがあるのだから、石材と岩石の分類が一致しないのは当然ともいえる。それに、地質学のほうが新参者なのだから、偉そうなことは言えない。

石材の大分類	石材銘柄の例	岩石種	岩石の大分類	
大理石	ネンブロロザート、ペルリーノキャーロ、ボテチーノ	石灰岩、苦灰岩(ドロストーン)	生物岩	堆積岩
	トラベルチーノロマーノ、スタラティーテ	トラバーチン	化学沈殿岩	
	ビアンコカラーラ、アラベスカート、水戸寒水、霞	結晶質石灰岩	接触変成岩	変成岩
	貴蛇紋、ティノスグリーン	蛇紋岩*	広域変成岩	
御影石	紀伊青石、三波石	結晶片岩		
	サモア、ジャロサンタセシリア、ジュパラナコロンボ	片麻岩、ミグマタイト		
	稲田石、真壁石、ルナパール、グリスペルラ、アフリカンレッド	花崗岩など	深成岩	火成岩
	ラステンバーグ、ベルファースト	ハンレイ岩、アノーソサイト		
	ブルーパール、モンシーク	閃長岩、モンゾニ岩など		
	バサルティーテ、ジンバブエブラック	玄武岩、ドレライト	火山岩	
火山性石材	小松石、白丁場石、由良石	安山岩、デイサイト		
	大谷石、白河石	凝灰岩、溶結凝灰岩**	火山砕屑岩	堆積岩
その他	多胡石、レッドサンドストーン	砂岩	砕屑岩	
	稲井石、雄勝石	頁岩、粘板岩(スレート)***		

*蛇紋岩は、深成岩に含めることもある。　**溶結凝灰岩は、火山岩に含めることが多い。
***粘板岩は、変成岩に含めることも多い。

石材名と岩石名の対応表（著者作成）

ただ言えるのは、石材名と岩石名の両方を知っておくほうが、街角地質学を楽しめるということだ。石材名は人々の営み、岩石名は地球の営みを反映しており、両者を結びつけて知ることができるからである。それぞれ、第2章と第3章で詳しく紹介する。

ところで、日本語であれば、「小松石」、「稲田石」、「大谷石」などのように、石材名は「○○石」ということが多い。これに対して、学術用語としての岩石名は「○○岩」に統一することが望ましく、黒曜石と呼ばれる岩石も「黒曜岩」というのが正式である。だから、大理石や御影石は、石材名としてだけ用い、花崗岩や石灰岩などは岩石名としてのみ用いるべきである。

［注1］日本工業規格（JIS）では、岩石の種類、形状、物理的性質によって分類している。岩石の種類では（1）花こう岩類、（2）安山岩類、（3）砂岩類、（4）粘板岩類、（5）凝灰岩類、（6）大理石類及び蛇紋岩類。形状では（1）角石（2）板石（3）間知石（4）割石。物理的性質では、圧縮の強さによって、硬石、準硬石、軟石に、それぞれ分類されている。

結晶質石灰岩は大理石の中の大理石

前述のように、大理石と呼ばれる石材には、いろいろな岩石種が含まれている。しかし、大理石と聞いて、多くの人が思い浮かべるのは、結晶質石灰岩だと思う。美術館に並んでいる白い大理石の像がそれで、ミケランジェロのダビデ像やミロのヴィーナス像も結晶質石灰岩である。

結晶質石灰岩は、高温にさらされた石灰岩が再結晶したものだから、いわば〝石灰岩のやきもの〟である。近づいて観察してみると、キラキラ光る粒が見えるだろう。それが炭酸カルシウムの結晶でできた方解石という鉱物である。結晶質石灰岩の大部分は白色から無色の方解石でできているので、遠目には白っぽく見えるのだ。

しかし、方解石だけの真っ白な大理石なんてめったにない。たいてい黒、茶、緑などの色を帯びている。それは、不純物が含まれているせいである。いわば〝混ぜ込みおにぎり〟みたいなもので、混ぜた〝具〟が多いほど、色がついて見える。実際、

ミロのヴィーナス像はギリシャ産の結晶質石灰岩。大理石としては一般に「パリアン（パロス島）マーブル」と呼ばれる（写真：Livioandronico2013）

ミケランジェロのダビデ像はイタリア産の結晶質石灰岩。大理石としては「ビアンコカラーラ」という銘柄（写真：Jorg Bittner Unna）

カラフルな結晶質石灰岩に近づいて見ると、白い方解石の粒の隙間に、色が違う別の鉱物が見えることがある。

つまり、大理石に模様があるということは、不純物が偏在（かたよって分布）しているということである。絵付けした粘土を焼いて陶器になっても絵が残っているように、石灰岩が熱を受けて再結晶するときにもその模様が維持される。熱で再結晶すると言っても、ドロドロに融けてしまうわけではないので、不純物が長い距離を移動するとは考えられない。要するに、石灰岩が再結晶する前からもともとあった模様が、再結晶によってぼやけただけなのである。

ところで、白い鉱物の粒も方解石に見えて、方解石でない鉱物がある。これはマグネシウムを含むドロマイトという鉱物で、地質学的・工学的には重要だが、街角地質学ではあまり気にしなくて良いだろう。マグネシウムが多い方解石の仲間があるということだけ心にとめておこう。

化石だらけの大理石

再結晶していない石灰岩は、化石を含んでいることが多い。というよりも、実際は化石だらけである。石に興味がある読者ならば、ビルや地下街などの石材に化石が入っていると聞いたことがある人も多いのではないだろうか。

そもそも、石灰岩は、石灰質（炭酸カルシウム）の生物の骨格（骨や殻）が積み重なってできた岩石で〝化石のかたまり〟みたいなものだから、化石が含まれていることは当たり前とも言える。再結晶化が進むと化石が消えてしまうので、化石を見つけるには、再結晶していない石灰岩を探せば良いということになる。

ただ、多くの化石は壊れて破片になっているし、小さな生物の化石（微化石）だと、目を皿にしても見えないこともある。それどころか、アンモナイトのようなポピュラーで大きめの化石であっても、案外気付かれないでいる。「ここにありますよ」と言っても「どれですか」と言われることが多い。

なぜかというと、石材では化石の断面しか見えないからだ。ちょうどアンモナイトの渦巻きが見えるような切り口になっていればわかりやすいが、どこに入っているかわからない化石をそんなふうに切断できる確率はかなり低い。

たいていの場合、化石の端っこを少しだけ切られていたり、渦巻きが見えるのとは別の方向で切断されていたりするので、断面を見てもアンモナイトだと認識できないのである（１３８ページ参照）。

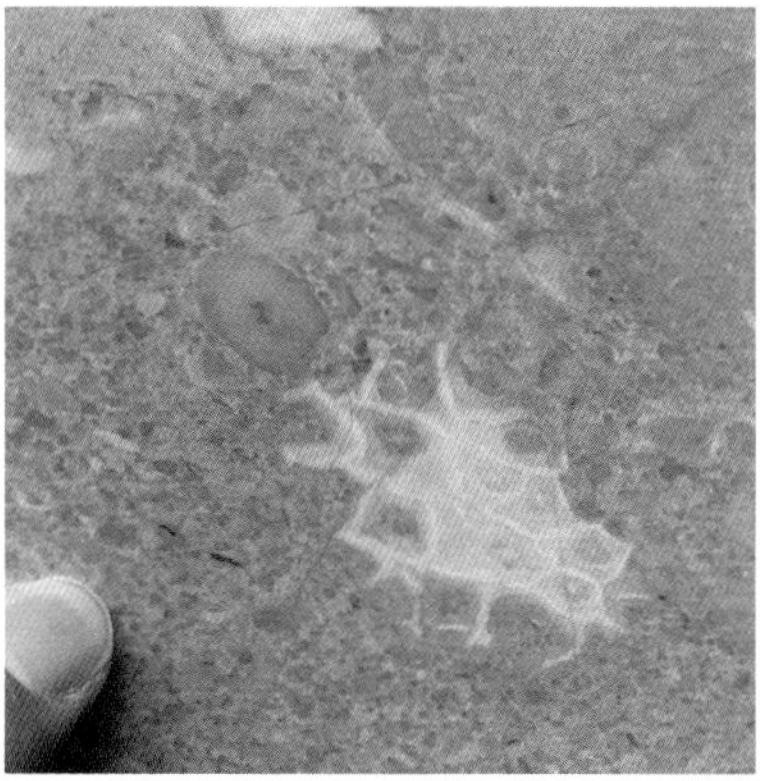

サンゴ、ウミユリ、フズリナなどを含む石灰岩。日本橋髙島屋に使われている「霞」（山口県産石灰岩）

アンモナイトに限らず、立体の切断面を思い浮かべることは、化石になった生物の元の形を知っていても難しいもので、ましてや、見たことのない生物の断面を想像することなど不可能である。化石を見つけたいなら、古生物の知識も持ち合わせておきたい。

では、どんな古生物の化石が見られるかというと、サンゴ、巻貝、二枚貝、厚歯《あつば》二枚貝、アンモナイト、ベレムナイト、腕足動物、海綿《かいめん》、石灰藻《せっかいそう》などがある。それぞれの詳細は第３章や化石図鑑などを見てもらいたい。

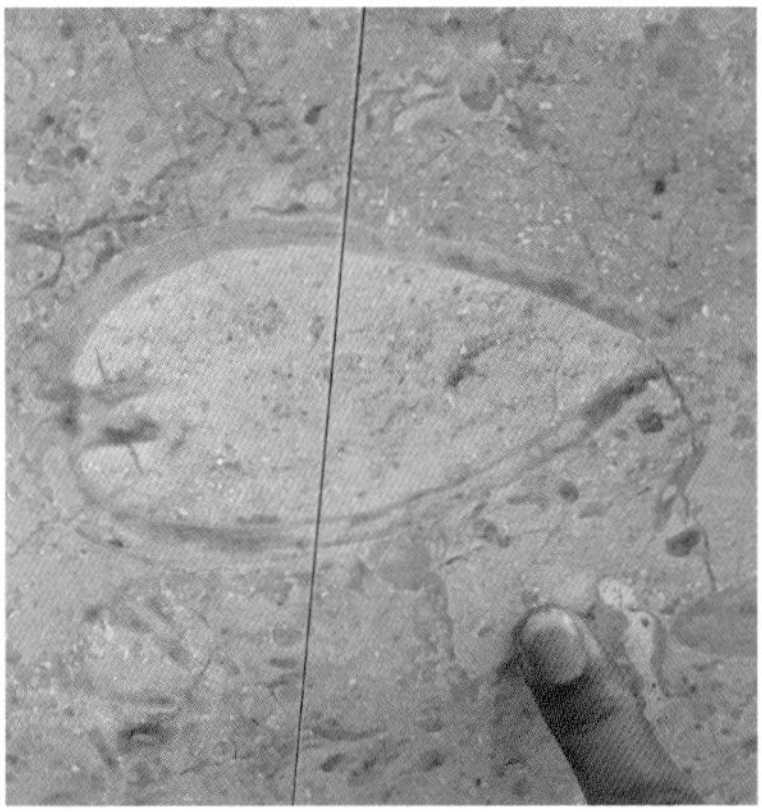

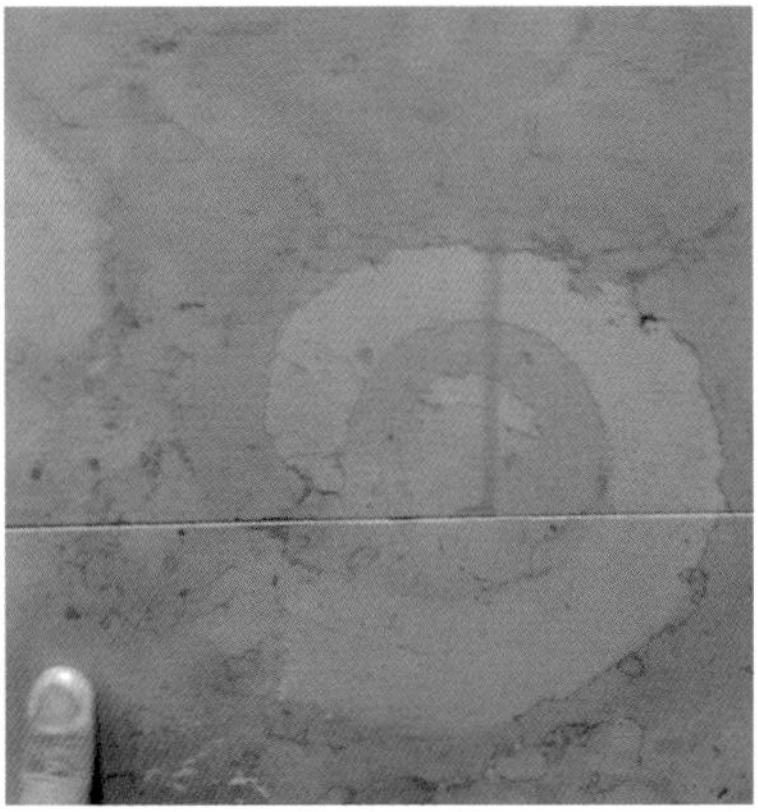

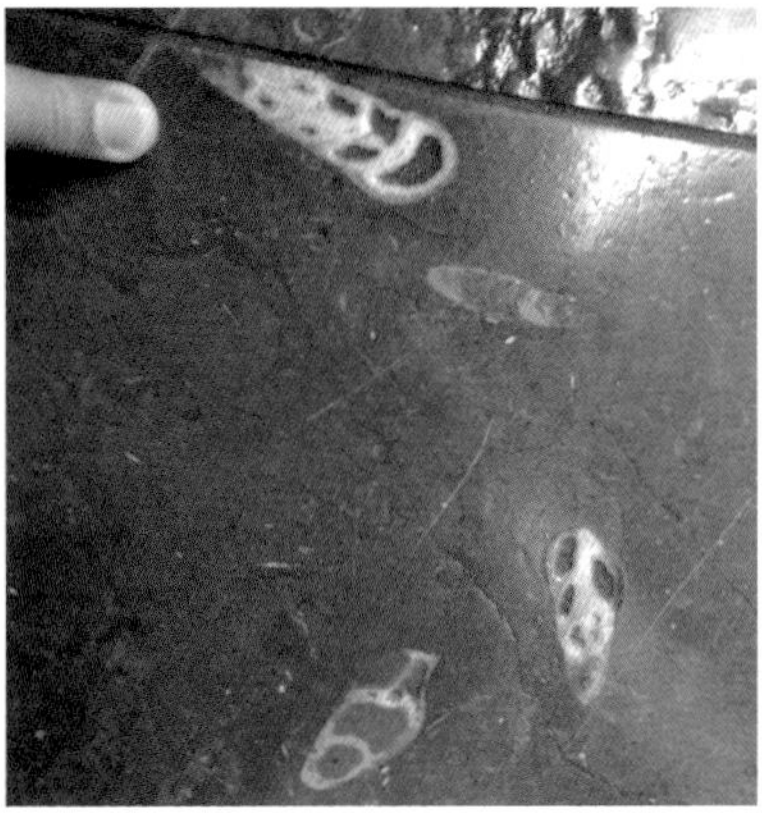

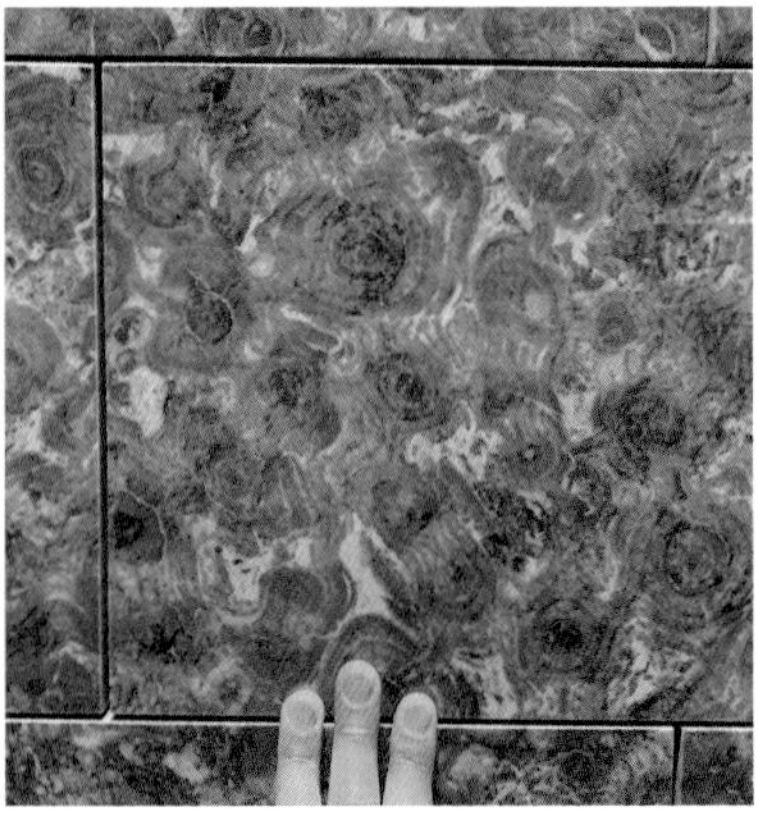

街の中で見つかる化石たち

左上＝ KITTE 地下入口前で見つけた巻貝の化石／右上＝ KITTE 地下入口前で見つけた二枚貝の化石／左中＝小田急百貨店新宿店で見つけたアンモナイトの化石／右中＝有楽町マルイの床の巻貝の化石／左下＝東京會舘ロビーの石灰藻の化石「コレニア」

大理石の模様は石灰岩の履歴書

再結晶していない通常の石灰岩は、見かけのバリエーションが広い。たとえば高級ホテルのロビーを飾っているのは、白い大理石ではなくて、ベージュや褐色系の大理石であることが多いように、色も模様もさまざま。網目状だったり、ギザギザの筋状だったり、独特のパターンをつくっている。どれもこれも炭酸カルシウムを主体とする同じ石灰岩だと思えないくらいだ。

それほど広いバリエーションがある石灰岩の模様だが、実は、いくつかのパターンの組み合わせによってできている。そのパターンをつくりだしているのが、「化石」、「構成粒子」、「堆積構造」、「破砕構造」、「スタイロライト」である。

まずは、化石。前述のとおり、石灰岩は〝化石のかたまり〟であり、化石が模様になっていることは当たり前とも言える。中でもポピュラーな化石の代名詞とも言えるアンモナイトの渦巻き模様はわかりやすいが、それ以外にも、サンゴや巻貝などの殻が独特の模様をつくりだしていることもあり、太古のサンゴ礁を見ている気分になる。

2番目に、構成粒子。石灰岩の中に粒々が見えることがある。これらは、たいていの場合、化石が細かく砕けた破片である。有孔虫や円石藻などのように1㎜にも満たない生物の殻が海底に積もってできた石灰岩もある。また、ウーライト（31ページ右上写真）と呼ばれる炭酸カルシウムの丸い球状の粒子であることや、岩石が砕けた破片や砂粒（砕屑粒子）が含まれていることもある。そんな石灰岩だと、砂か泥が固まった岩石にしか見えないだろう。サイズや形が違うさまざまなものが積もってできるのだから、石灰岩の模様もさまざまになる。

3番目に、堆積構造。土砂や化石の破片などが、堆積するときに、水流や波の動きによって動かされてできる構造のことで、層理面（重なっている地層の接する面）が波打っている「リップルマーク（漣痕）」や「クロスラミナ（斜交葉理）」（次ページ左中写真参照）などがある（Ｉ53ページ参照）。

4番目に、破砕構造。石灰岩には割れ目のような模様がよく見られる（次ページ右中写真参照）。もちろん、割れているわけではなく、正確にはかつて割れていた跡である（Ｉ57ページ参照）。

地下で割れてできた隙間に、接着剤が注入されて固められたかのように、地下水から鉱物の結晶が沈殿し、充填されて固められたために、このような跡ができる。切り傷にかさぶたができるように、岩石の傷も自然に治癒していくのだ。石灰岩に見られる割れ目模様は、地下で繰り返し起こった現象による傷跡なのである。

最後に、スタイロライト。石灰岩にはよく、頭蓋骨の縫合線のようなノコギリ状の筋が入っていることがある（次ページ左下写真）。これも割れ目のようにも見えるが、割れた跡ではない。ぎゅうぎゅう押されることで溶けた跡で、スタイロライトという（Ｉ55ページ参照）。石灰岩によく見られる模様で、この模様によって、どの方向に圧縮されたのか知ることができる。

このように、石灰岩を華やかに見せてくれるさまざまな模様は、太古の生物の遺骸、堆積構造、地殻変動を受けた跡であり、石灰岩ができる過程で刻まれている。

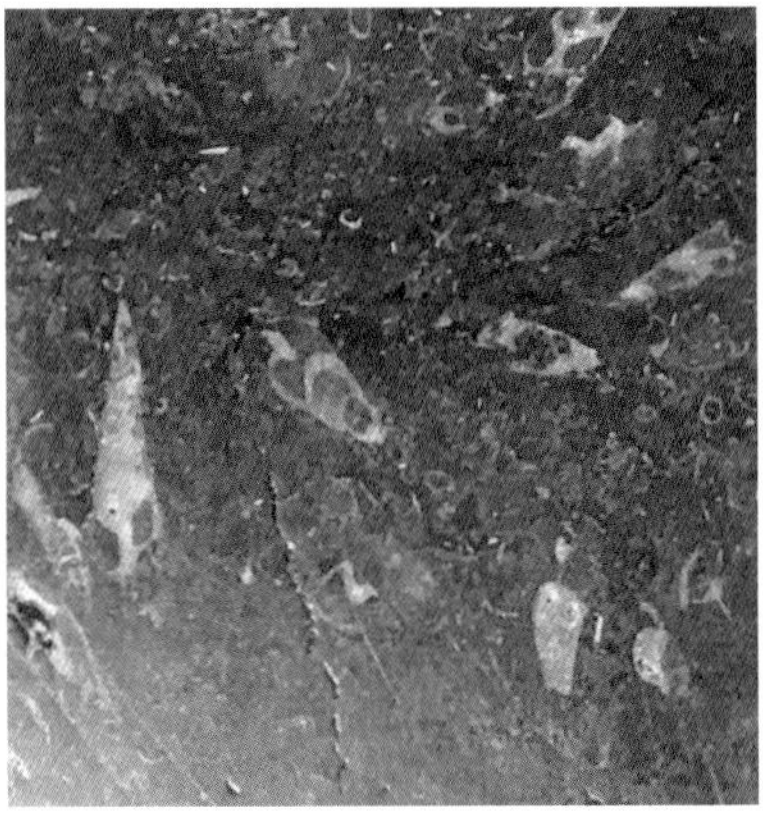
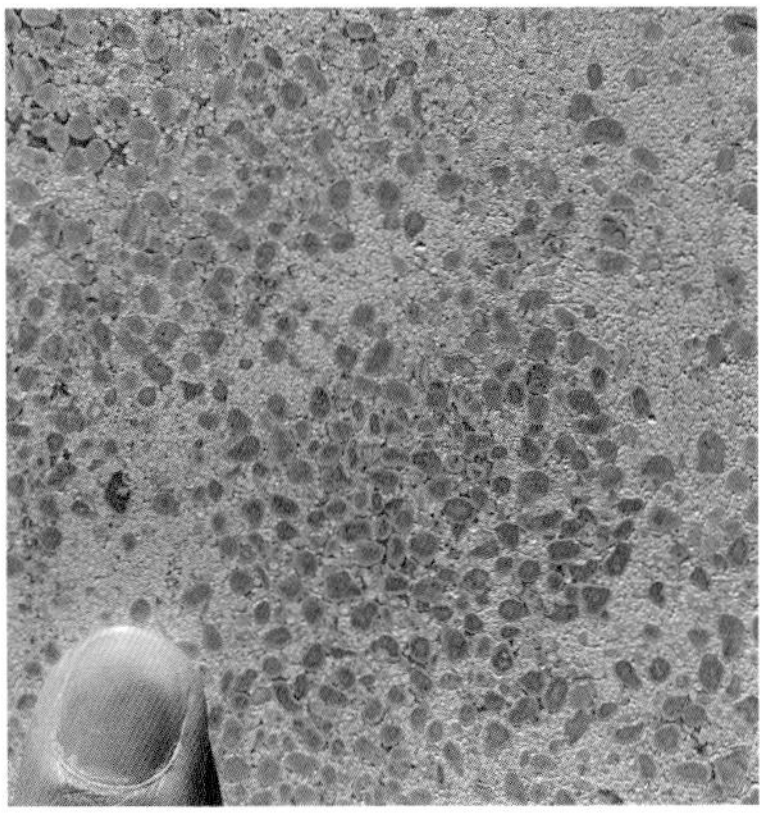

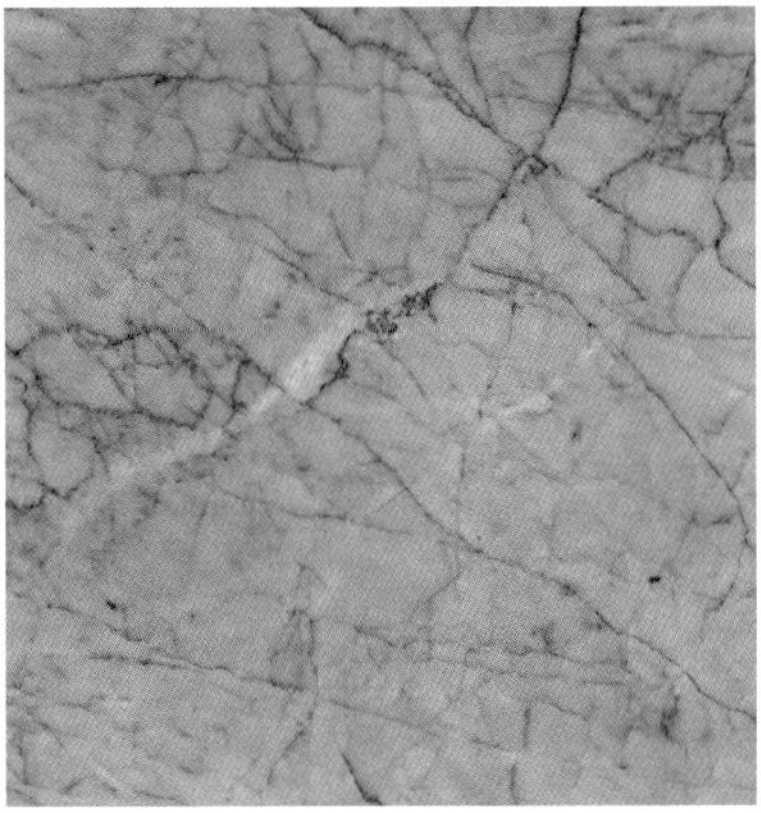
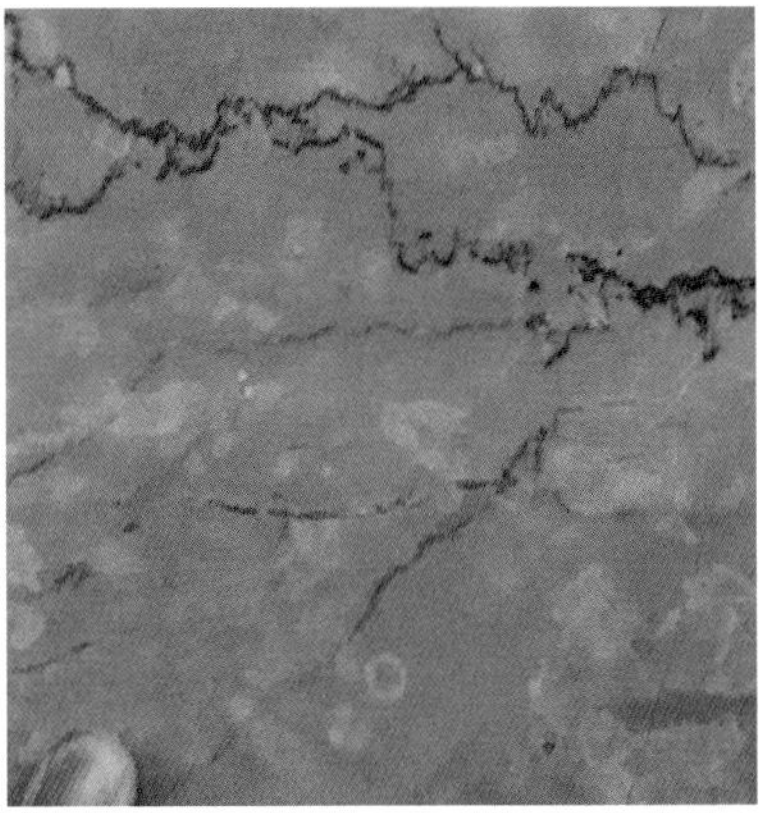

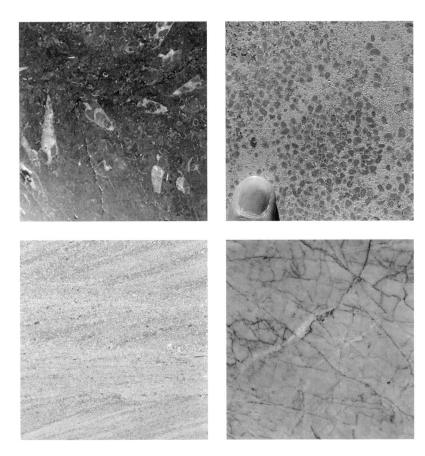

大理石のさまざまな模様

左上＝巻貝の化石そのものが模様になっている（横約 20cm）／右上＝「ウーライト」と呼ばれる球状粒子がつくる模様（横約 20cm）／左中＝「クロスラミナ」という堆積構造が生み出す模様（153 ページ参照、横約 20cm）／右中＝破砕構造がつくりだす網目模様（「更紗」＝ 157 ページ参照、横約 20㎝）／左下＝ノコギリ状の筋（スタイロライト＝ 155 ページ参照、横約 10㎝）

御影石の色と模様をつくる鉱物

大理石に続いて知っておくべき石材が御影石だ。前述のように、御影石とは、もともと六甲山の花崗岩のことだった。

六甲山の花崗岩は、ほのかにピンク色をしており、同様な花崗岩は瀬戸内でよく見かける。大阪城や岡山城の石垣や、橋の欄干や親柱、港の護岸などで使われていることもある。東京でも、国会議事堂に広島県産、日本銀行本店本館に岡山県産の黒雲母花崗岩が使われており、瀬戸内産の花崗岩は案外多い。

そんなピンク色を帯びた花崗岩を観察してみると、岩石全体がピンクなのではなくて、ピンクの粒とともに、白、グレー、黒色の粒も混ざっていることがわかる。つまり、主に4種類の鉱物の集合体だということだ。

ピンク、白、グレー、黒の粒は、それぞれ、カリ長石、斜長石、石英、黒雲母という鉱物の結晶である。カリ長石の色のバリエーションは広く、ピンク以外にも、白かったり、ベージュだったりする。また、斜長石はたいてい白色だが、わずかに色付いていることもある。次に石英は淡灰色から濃灰色であることが多いが、褐色を帯びていることもある。このように、構成鉱物の色しだいで、花崗岩全体の色目が変わってくるし、見た目の印象もずいぶん違ってくるのである。

ところで、岩石名として花崗岩と呼ぶには、石英、カリ長石、斜長石の3種類の鉱物を含むことが必須で、それ以外の特徴的な鉱物の種類によって「黒雲母花崗岩」とか「角閃石花崗岩」などと呼ぶ。パン生地とトマトソースとチーズの3点セットで「ピザ」と呼び、アンチョビのトッピングで「アンチョビピザ」と呼ぶようなもので、少量のトッピングが全体の特徴を左右する。

全体的に淡色の花崗岩では、黒雲母などの有色鉱物が少量あるだけで、遠目に黒っぽく見えてくるし、配列や分布しだいで多様な模様が見えてくる。花崗岩の見かけを左右するのは、鉱物の種類というよりも、それら鉱物の色や形、割合、そして配列・分布（組織）なのである。

花崗岩を構成している鉱物の種類はわずかなのに、それぞれの形や大きさの違いが、多様な模様を生み出しているのだから面白い。

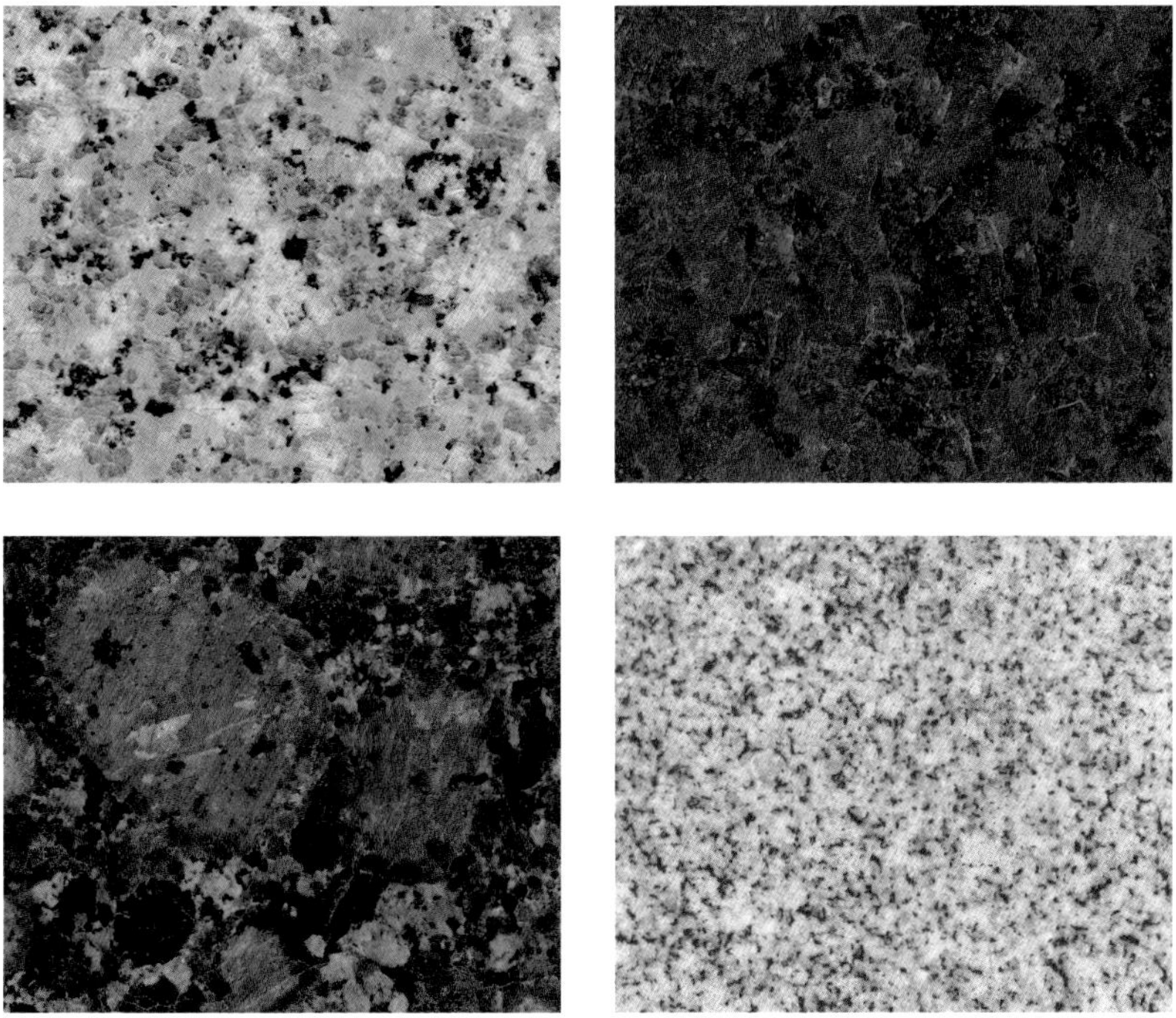

御影石が見せる多様な色

左上＝「万成石」（岡山県産）はカリ長石がピンク色／右上＝カリ長石が赤みを帯びた「アフリカンレッド」（南アフリカ産）／左下＝カリ長石のブラウンの玉柄が印象的な「バルチックブラウン」（フィンランド産）／右下＝「岡崎石」（愛知県岡崎市産）は粒が細かくごま塩のよう（全て横約5cm）

花崗岩の幾何学的模様が表すもの

マグマが固まってできた岩石を火成岩といい、さらに火成岩は地下で固結した深成岩と、地表付近で固結した火山岩とに分けられる。中学校で習うので記憶にある人も多いのではないだろうか。

花崗岩は、深成岩のひとつだから、マグマが地下で固まってできた岩石だということになる。

火山岩であれば、火山噴火の際に流れ出る溶岩を映像で見ることもあるから、マグマが固まっていく過程をイメージしやすいと思う。しかし、深成岩の場合、地下で何万年もかけて固まっていく過程を見ることは不可能だから、なかなかイメージしにくい。しかし、岩石の模様を見れば、ある程度は推測できる。

雪（水）の結晶が六角形の板状であるように、鉱物にもそれぞれ特有の結晶の形がある。だからマグマの中で鉱物が結晶化するときには、固有の結晶面に囲まれた形（自形）

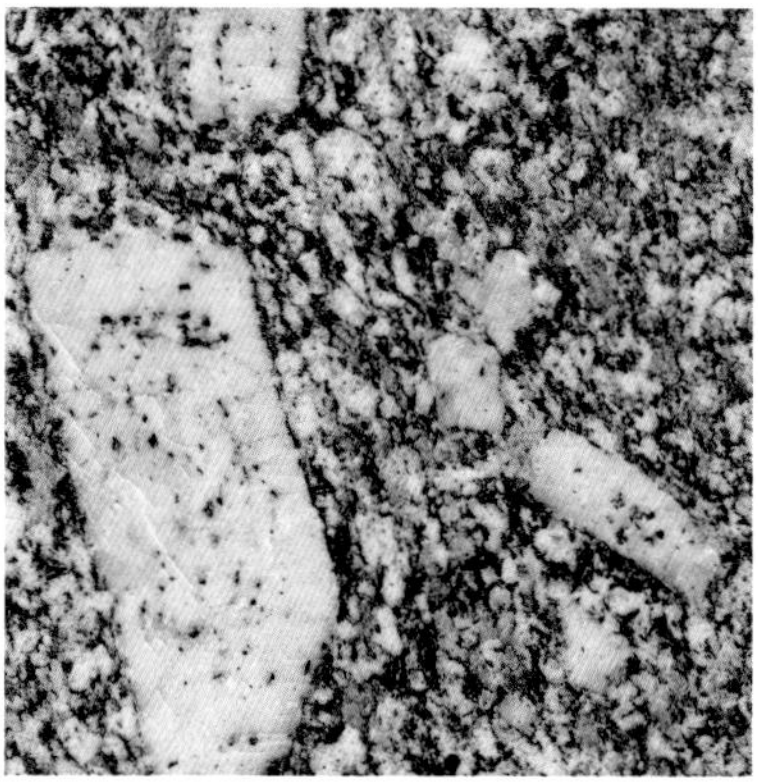

自形のカリ長石が目立つ花崗岩（横約 10cm）

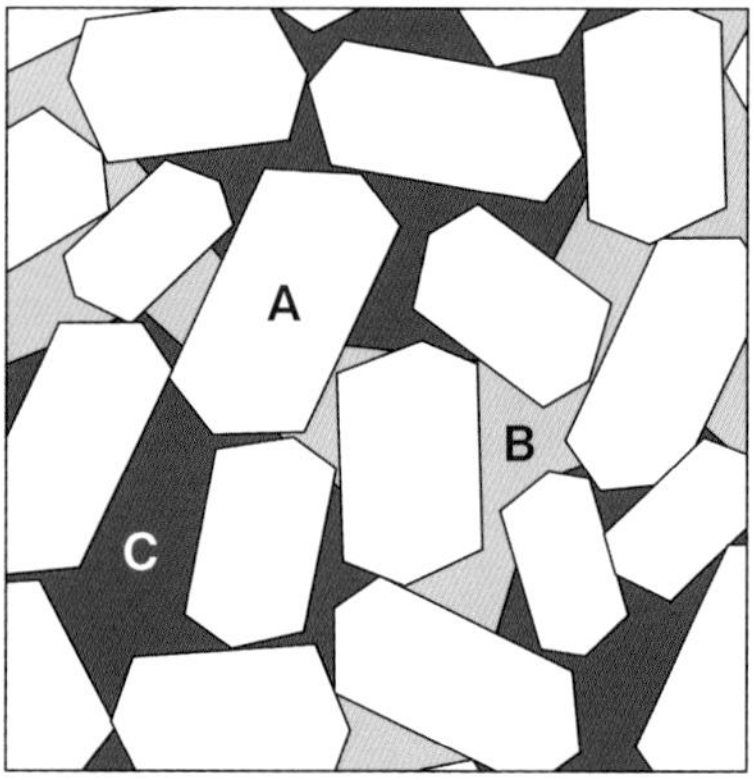

マグマ中で先に結晶化した鉱物は固有の結晶面に囲まれるが、あとから結晶化すると別の鉱物の隙間を埋めるような形状になる。A が自形、B・C が他形

になろうとする。

ところが、融点《ゆうてん》の高い鉱物（固まりやすい鉱物）から先に結晶となるので、冷却が進み、結晶が増えてくると、鉱物の結晶同士が互いにぶつかりあうようになる。すると、融点が低い別の鉱物は、すでに存在している結晶の隙間を埋めた形（他形）にしかなれない（前ページ右下の図参照）。このような結晶化のタイミングによって、鉱物が複雑に絡み合った独特の幾何学的模様ができる。

つまり、花崗岩をつくっている鉱物の中で、固有の結晶面に囲まれた形状（自形）は、先にできた融点が高い鉱物であり、別の鉱物結晶の隙間を埋めた形状（他形）は、後になってできた融点が低い鉱物だということになる。花崗岩に見られる幾何学的模様（テクスチャ＝組織）は、マグマの中で起こっていたことを知る手がかりなのである。

御影石の縞模様が表すもの

御影石の中には、黒っぽい鉱物が濃集した部分と白っぽい鉱物が濃集した部分が色ムラのような模様をつくっているものがある。石材で見られるそのような模様には2つのタイプがある。

ひとつは、マグマが流動した跡。花崗岩質のマグマは粘性が高く、水飴のようにネバネバだから均一になりにくく、流動すると不均一な部分が伸ばされて、墨流し模様ができてしまう。これを「シュリーレン」といい、火成岩ならではの特徴である。

もうひとつは、融けた液体のマグマではなく、岩石（固体）の状態で圧縮された跡。粘土を高温状態に置いて

片麻岩の片麻状組織（住友不動産六本木グランドタワー）

花崗岩に見られるシュリーレン（日本橋欄干）

おくと別の物質に変化するように、岩石も環境が変われば、固体状態のまま別の鉱物結晶に変化する（変成作用）。そのとき、地下10㎞以深のような地下深部で、ある方向に強く圧縮されていると、できた鉱物結晶の向きが揃ってしまう。これを「片麻状構造」といい、融けることのなかった変成岩の特徴である。

こうした岩石の模様から、マグマが固まった花崗岩なのか、変成作用でできた片麻岩なのか区別できるし、地下深部で長い時間をかけて起こった現象を推測できる。岩石の模様は、岩石を見分けるポイントであると同時に、地球の歴史を知ることにもつながっている。

地質学者なら、顕微鏡観察や化学分析などによって、どんな成分のどんな鉱物が含まれているのか詳しく調べる。変成岩でしか見られない鉱物や、マグマの中でないとできない結晶がないかチェックするわけだ。そうすれば、その岩石ができた温度や圧力が推定できるし、どんな地殻変動を受けたのか考察できるからだ。

街角にある石材では、分析するために持ち帰るわけにいかないが、石材名がわかれば、地質学者が調べてくれた情報をもとに考察できる。おかげで、石材を見るだけで、楽しませてもらえるの

「ポルフィード」を使った丸の内仲通り

だからありがたい。模様がない石材だけが使われていることも多いが、模様がある石材のほうが、地球の動きを感じられて楽しみやすい。

火山がつくった石材

大理石でも御影石でもない石材もある。どちらでもないと思ったら、たいてい火山がつくりだした岩石だろう。「火山岩」と呼びたいところだが、前述した地質学でいう「火山岩」と一致しないので、ここでは便宜上「火山性石材」としておく。

火山性石材には、「硬石」と「軟石」の2タイプがある。硬石は、マグマが固まった安山岩やデイサイトなどを切り出した石材で、東京では「小松石」がポピュラーである。神奈川県真鶴町で採掘されている箱根火山の溶岩で、江戸城の石垣や武蔵野御陵（昭和天皇御陵）や、レトロな建物の基礎部分などに使われている。

遠目には黒っぽい印象だが、近寄って見ると、緑や赤味を帯びた灰色で、白い粒（斜長石）と黒い粒（輝石）が散らばっている斑状《はんじょう》組織《そしき》であることがわかる。最近では、「ポルフィード」と呼ばれる海外産の硬石が輸入されており、丸の内仲通りのように石畳の敷石などに使われている（123ページコラム参照）。

これに対して、軟石は、火山灰などの火山噴出物が固結した凝灰岩または溶結凝灰岩を切り出した石材である。軟石の中で有名なのは、宇都宮市で採石されている「大谷石」だと思う。かつて帝国ホテルの外壁に使われ、一世を風靡した石材である（78ページ参照）。宇都宮市内では石蔵などに使われているし、都内でも石塀やカフェの内装などで見かけることもあるから、目にしたことがある人も多いはずだ。

東京周辺には、伊豆石や「房州石《ぼうしゅういし》」（53ページ参照）といった軟石も見かける。これら軟石は、海底火山が噴

神奈川県真鶴町産の「新小松石」（硬石）

静岡県伊豆の国市産の「横根沢石」（硬石）

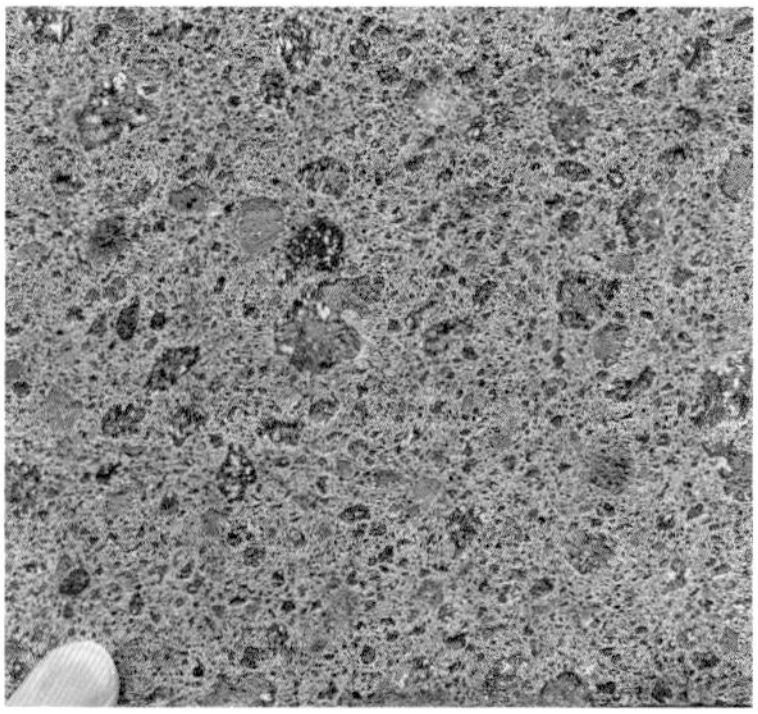
静岡県伊豆の国市産の「伊豆石」（軟石）

出した火山灰が堆積してできた岩石を切り出した石材で、やわらかく加工しやすいことから、石仏・石塀や建物の彫刻部分などに使われることが多い。

一般的には、地域ごとに地元で採掘された石材が使われるものだが、明治以降、東京をはじめ、日本各地で、火山性石材が多く利用されてきており、街角地質学においては、日本の近代化を支えてきた石材として知っておきたい石材である。

石材は観察にぴったりの岩石標本

さて、石材を見分けるにはどうすればいいのだろうか。石材は加工された岩石なのだから、岩石を区別することと同じである。

残念ながら、岩石を見分けるために、図鑑はそれほど役に立たない。形や色で種類が決められている動植物とは違い、岩石は形や色で種類が決まるものではないからである。光沢や質感は写真ではわかりにくく、図鑑の写真と見比べてもなかなか種類を決めることは難しい。

では、どうすればいいのかというと、ひたすら見ることの積み重ねしかない。千差万別の岩石を見分けられるようになるには相当な熟練が必要である。

そんなことを言ってしまうと、専門家でないと無理ではないかと思われそうである。ところが、うれしいことに、街角地質学では、そのハードルが下がる。石材に使われる岩石は限られているうえに、観察しやすい状態になっているからだ。

山や川で見かける岩石だと、風化していたり、苔や泥がついていたりするから、ハンマーで割るなどして、あまり風化していない部分を露出させなければならないが、街の中で見かける石材なら、基本的に風化している部分を取り去ってあるし、きれいに磨かれていることも多い。おかげで、石材は、岩石の組織（テクスチャ）を観察しやすい最良の岩石標本となっている。

研磨面があれば、どんな鉱物が、どのくらいの割合で、どんな状態で含まれているのか、じっくり観察してみよう。そのうち、構成鉱物と組織（テクスチャ）から、石材を見分けられるようになるだろう。

石材の表面仕上げ

多くの人にとって岩石は、そのままでは魅力を感じられるものではないかもしれない。だから、石材として使うときには、整形したり、磨いたりして、美しさを引き立てている。同じ石材でも、表面仕上げが違うと見かけもずいぶん変わる。それぞれの岩石の特徴を踏まえ、用途にあった加工が施されているからこそ、石材は輝く。

そこで、知っておきたいのが、石材の表面仕上げである。

屋内の壁などでピカピカに磨き上げられているのは「本磨き」という。美しい仕上がりなのだが、照明が反射するので、写真撮影が難しい。ツヤが出ない程度に磨いた「水磨き」なら、反射が抑えられて、観察にも撮影にもオススメだ。

滑りにくくするなどの理由で、あえてデコボコの表面にすることもある。石材の表面部分をバーナーであぶって弾き飛ばした後に、軽く研磨して少し滑らかにしたものを「ジェット&ポリッシュ（JP）仕上げ」という。

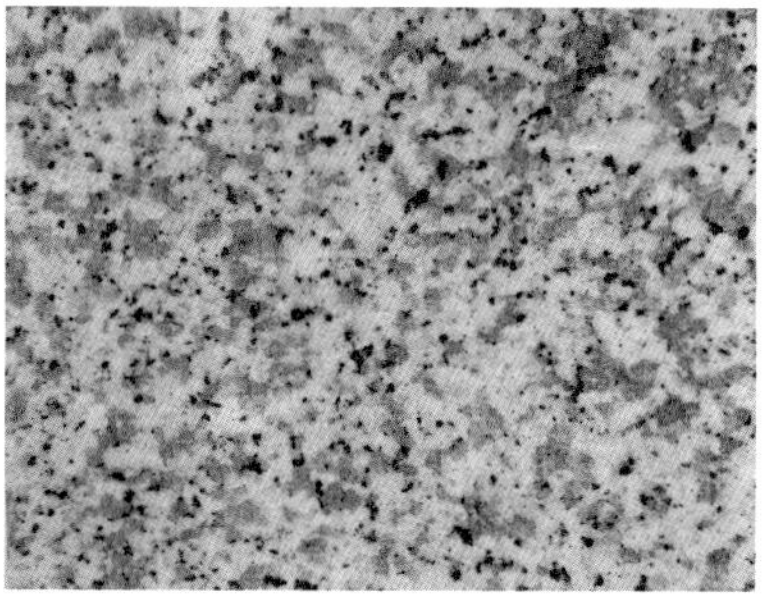

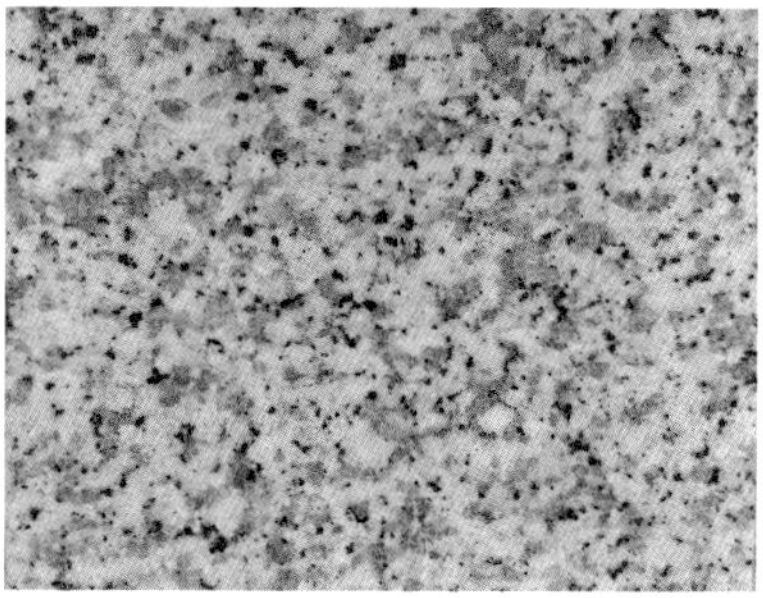

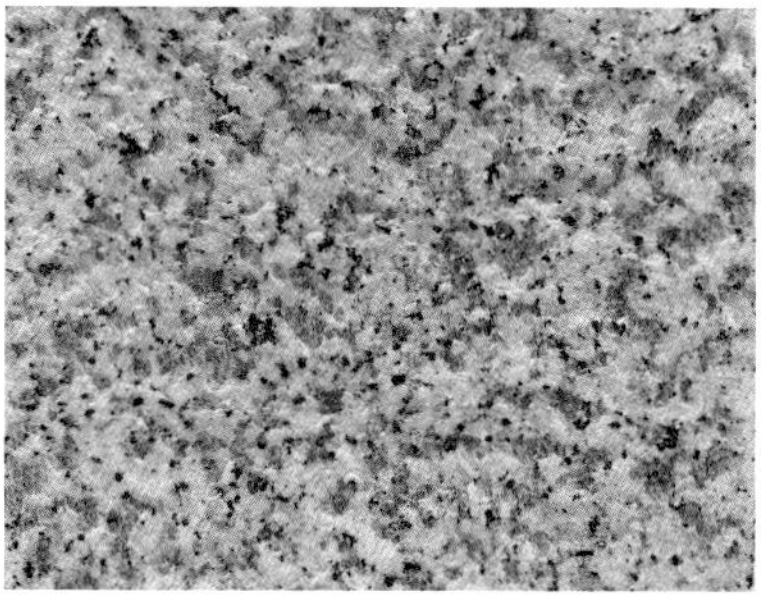

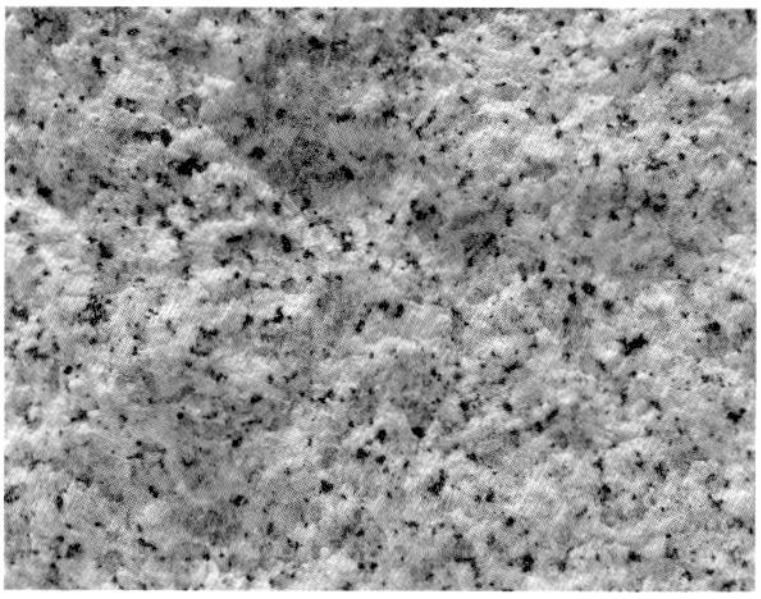

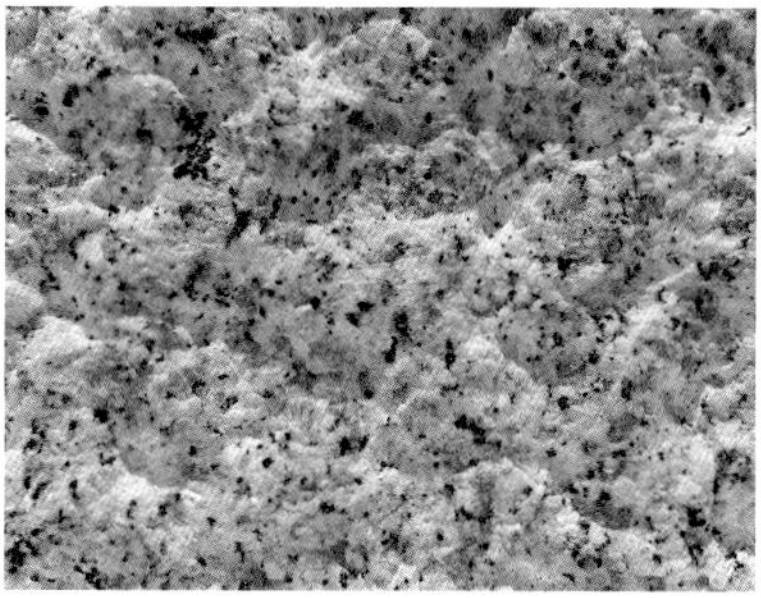

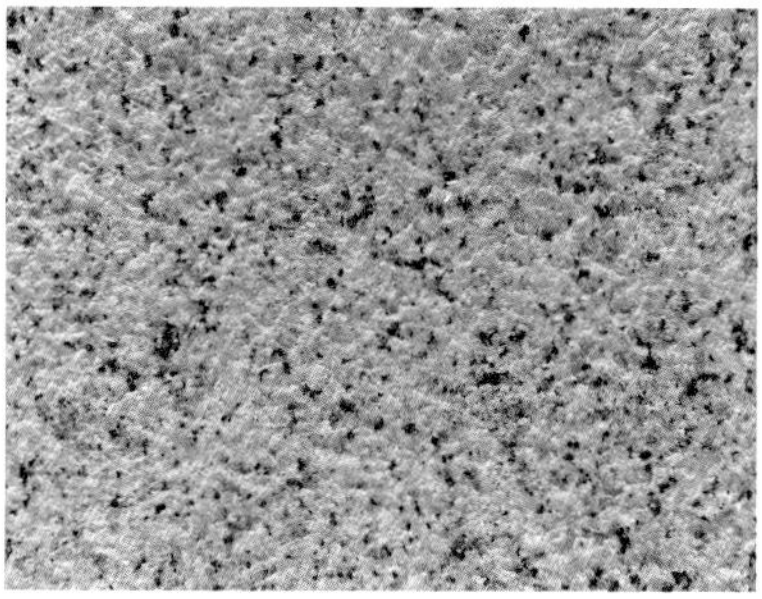

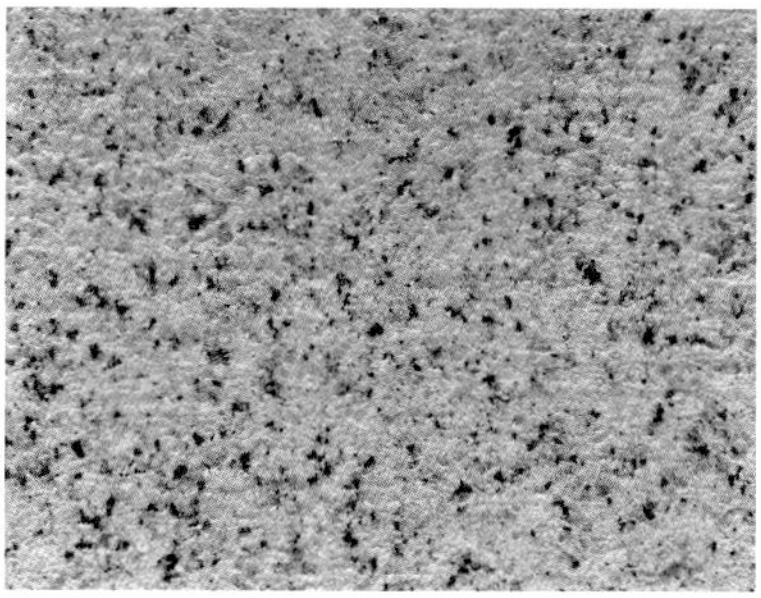

石材の表面仕上げ

1段目左＝本磨き／1段目右＝水磨き／2段目左＝ジェット&ポリッシュ（JP）仕上げ／2段目右＝割肌仕上げ／3段目左＝ノミ切り仕上げ／3段目右＝ビシャン仕上げ／4段目左＝小叩き仕上げ（すべて横約15cm。笠間市石の百年館の展示より）

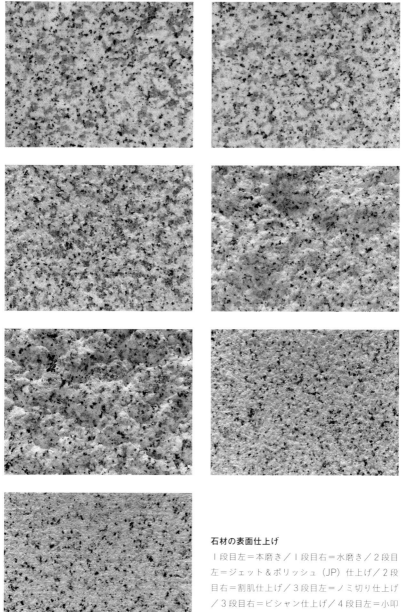

このほか、割肌仕上げ（割った状態を残した仕上げ）、ノミ切り仕上げ（割肌をノミで削った仕上げ）、ビシャン仕上げ（ピラミッド型の刃が並んだハンマーで叩いた仕上げ）、小叩き仕上げ（ビシャン仕上げ後に、さらにくさび状ハンマーで叩いて平行な筋をつける仕上げ）なども見かけることが多い。

割肌仕上げだと、自然の状態に近いので、普段から岩石を見ている地質学関係者にとっては見分けやすいかもしれないが、初心者が観察するにはちょっとハードルが高いかもしれない。ノミ切り、ビシャン、小叩き仕上げだと、岩石表面に傷をつけているので岩石の組織が見えにくく、そんな石材を見分けたい場合は、乱反射を抑えて見やすくするため、表面を水で濡らしてみると良いだろう。

同じ石材であっても、表面仕上げが違うと表情が変わって見えるから、デザイン上は面白い。一方で、見分けるのが難しくなってしまうのが、街角地質学を楽しむ上では、悩ましいところ。それぞれの仕上げで、石材の見かけがどう変わるのかも見ておきたい。

人工の石

石材めぐりをしていて惑わされるのが〝石もどき〟である。砂や小石をセメントで固めたコンクリートも砂岩や礫岩に見えるが、さすがに大理石や御影石には見えにくい。しかし、セメントに砕いた石を混ぜて固めたものは、混ぜる石の配合しだいで石らしく

擬石の一例。砂や小石をセメントで固めているのがわかる

仕上がり、「擬石」と呼ばれる。〝石材にカムフラージュしたコンクリート〟といったところだろうか。

擬石の中でも、砕いた石材を混ぜたものは「テラゾ」と呼ばれ、地下鉄や地下街などの壁や柱などでよく使われている。現在の日本工業規格（ＪＩＳ）では、表面研磨でツヤ出ししたブロック及びタイル状のものを指すことになっているが、以前は、現場で仕上げるものもあった。たとえば、公園や学校のすべり台や流しなどがテラゾでつくられていたので、ほとんどの人が目にしていると思う。人造大理石と呼ばれることもあるが、砕かれた大理石は天然の石だから、近づいて観察してみると、石材の銘柄を区別できることもあるし、ときには化石が見つかることもある。レトロな感じが見直されているのか、コストを下げるためなのか、よく使われている。石材の加工時に切り落とした部分や傷があって使えなかった部分を活用できるから、石材の有効利用にもなる。

「テラゾ」にも混ぜてある岩石によってさまざまな色のバリエーションがあって面白い

ほかにも、石にカムフラージュしている素材はある。石柄をプリントしてあるタイルであったり、石や陶磁器のかけらを混ぜた塗料で塗ってあったり、石そっくりの見かけである。しかし、軽く叩いてみると、磁器質のタイルであればガラスのような高い音がしたり、テラゾやコンクリートであれば鈍い音がしたりして、石材との違いを感じてしまう。プリントものなら、同じ柄が複数見つかるし、切断面に石柄が見られず、厚みがないことに気付くだろう。最近では、石材と区別できないような材料もあるが、五感をフル活用すれば、案外見分けられる。石材のそっくりさんを見つけるというのも、街角地質学の楽しみといえるかもしれない。

石材の観察に出かけよう

街角地質学は、石材の観察から始まる。普段より歩く速度を落として、気になる石を探してみよう。豪華なホテル、レトロな洋風建築、現代的なビル、美術館、神社仏閣、城郭、路地裏などを覗いてみよう。

特別なものを持って行く必要はない。カメラ、スケール（ものさし）、ルーペ、地図、メモ帳、そして本書があれば充分。スマホやタブレットPCだけでも事足りるかもしれない。

気になる石材に出合ったら、ともかく観察してみよう。石材の銘柄あるいは岩石種がわからなくても、手がかりを探そう。

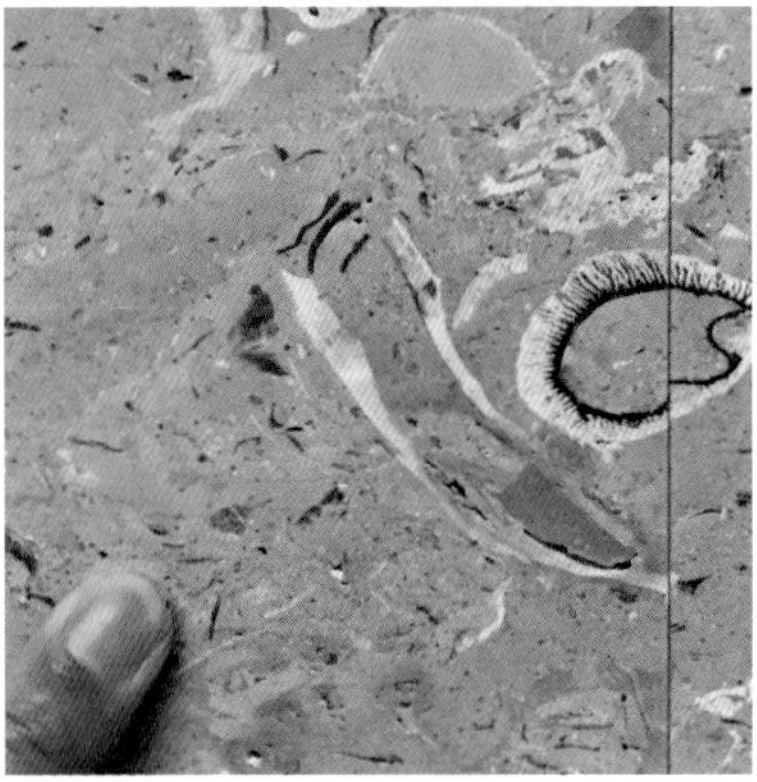

指など基準になるものを入れると後で見たときにサイズがわかりやすい。上写真は厚歯二枚貝の化石

割って汚れていない内部を見るわけにもいかないし、ましてや持ち帰って見ることもできないのだから、石材の特徴がわかる写真を撮っておきたい。写真を見るだけで見分けることも難しいけれど、写真がないよりはマシだ。後で、石材カタログや岩石図鑑で調べたり、詳しい人に聞いてみたりできる。

石材の写真を撮る際には、全体の模様（組織）がわかるような写真と、鉱物結晶の形状がわかるようなクローズアップ写真の両方を撮影しておこう。写真を見直したときにサイズがわかるように、スケールとともに撮影しよう。スケールがなければ、小さなコインやボールペンなどのサイズがわかるものといっしょに撮影すると良い。筆者の場合、スケール代わりに自分の人差し指と撮ることが多い。光が反射しやすい研磨面を撮影するときは、フラッシュを使うことは避け、偏光フィルター（スマホ用もある）を装着すれば、反射光を抑えて撮影できる。どうしても反射光を抑えたいなら、ハンディスキャナを使うとうまくいくかもしれない。

内装用石材が使われているのはプライベート空間であることもあるから、そのような場合、写真撮影は承諾を得て、周囲の人に配慮しよう。つい、石材観察に夢中になってしまうとまわりが見えなくなってしまうもの。なにしろ、石を見て楽しむ人なんてマイノリティだろうから、多くの人にとっては〝あやしい人〟に見えている可能性が高い。当たり前のことだが、他人の迷惑にならないよう気をつけたい。

石材を調べたいとき、チェックしておきたいのが、その石材

「定礎」と書かれた石のプレートで竣工年がわかる

が使われている建物の竣工年である。ビルであれば、たいてい「定礎」と書かれた石のプレートが埋め込まれており、竣工年が刻まれている。有名な建築物なら、インターネットで検索するだけでわかると思う。石材には流行があるので、竣工年がわかると、石材名を知る手がかりとなるし、時間軸が入ることで、歴史が見えてくる。

さあ、都会で石材を観察して歩こう。石材という視点から見えてくる、都市の文化や歴史や地球の変動を見ていこう。石材の生い立ちを知ることで、外見の美しさだけでない魅力を感じてほしい。

参考文献
友澤史紀（1999）建築コンクリート技術の変遷と将来展望．コンクリート工学 37, pp.13-16.
乾睦子（2016）山口県美祢地域における近代大理石産業の歴史と現状．国士舘大学理工学部紀要9, pp.71-76.
下坂康哉ほか（2019）世界の建築石材．風媒社 289p.

CHAPTER

2 人間の営みを感じる石めぐり

石材でたどる日本近代化の歴史

東京の街を彩る石材は時代とともに変わってきた。建物の外装用や土木用の石材は、明治期に火山性石材（安山岩や凝灰岩）から国産御影石（花崗岩）へと変わり、1970 年代ごろから海外産の御影石がメインとなった。1990 年代になるとアジア産御影石が増え、21 世紀になってからは産地も岩石種もバリエーションが広がった。

内装用石材は、洋館が建設され始めた明治期からヨーロッパ産大理石が使われてきた。1900 年ごろから国産大理石も普及したが、1970 年代ごろから衰退し、1990 年代からアジア産大理石が普及した。

そんな石材の移り変わりは、日本社会と経済の歴史を反映している。そんなことを考察しながら、東京の街の石めぐりをしてみよう。なお、地質学的視点も持っていただけるよう、石材の銘柄とともに、岩石名を添えた。

01

TOKYO
MACHIKADO
GEOLOGY

近代的な石材利用のはじまり（明治）

安山岩と花崗岩

皇居（江戸城）の石垣

人気のランニングコースとなっている内堀通りから皇居のお堀の向こう側を見ると、黒っぽい石が積まれた石垣が連なっている。石を割ったり削ったりしてから積み上げ、隙間に石を打ち込んだ「打込《うちこみ》接《は》ぎ」という積み方で積まれている。

ところが、大手門から皇居東御苑に入っていくと、石垣の様子が変わる。直方体に加工された石が隙間なく積まれた「切込《きりこみ》接《は》ぎ」で、江戸時代初期以降の石積み技術である。

積まれている石の大きさも違う。しばらく歩いて本丸中ノ門石垣に行くと、さらに石が大きくなり、大きな石では36トンほどになるという。こんな巨石をよくも持ってきて積み上げたものである。

石の色も違う。黒っぽい石に白っぽい石が混ざって、パッチワークのようになっている。色が違うのは、岩石が違うからにほかならない。お城の石垣については、積み方や大きさに関心が向きがちだが、岩石の種類に目を向けてみよう。遠目に黒っぽく見える石が安山岩で、比較的白っぽく見える石が花崗岩。江戸城の石垣に限れば、

直方体に加工された花崗岩が積まれた切込接ぎの石垣（天守台）

そう見てまず間違いない。石垣修復時に取り外した石材が展示されているので、よく観察してみよう。

この安山岩は、灰色のマトリクスに白っぽい斜長石の結晶が散らばっている斑状《はんじょう》組織《そしき》をしている。神奈川県南部から伊豆半島にかけての海岸で採石されたと推定されており、石材としては、神奈川県真鶴町小松原の地名にちなみ「小松石」と呼ばれることが多い。伊豆半島産のものは「伊豆硬石」と呼んで区別したいところだが、肉眼での区別が難しいため、まとめて「小松石」としておく。なお、他の地域で「甲州小松石」や「上州小松石」が出回るようになってから後は、真鶴町小松原産のものだけを「本小松石」と呼ぶことになっている。

一方、前章の御影《みかげ》石の色と模様のところでも書いたとおり、花崗岩は、粗粒でピンクがかったカリ長石を含んでおり、瀬戸内海の島から運ばれてきたと考えられている（当時採石されていた島としては、小豆島、犬島、北木島などいくつかあって、そこまで特定するのは難しい）。どれが花崗岩なのか区別できるようになったら、どのようなところに使われているかチェックしてみよう。花崗岩は、本丸中ノ門にある切込接ぎの石垣で見られるが、内堀にあるような打込接ぎの石垣にはほとんど見られない。このことから推定できるのは、花崗岩が持ち込まれるようになったのは、主に、切込接ぎの石垣がつくられるようになった江戸時代初期以降だということである。

さらに、天守台に行ってみる

隙間に石を打ち込んだ打込接ぎの石垣（北桔橋門付近）

灰色のマトリクスに白い斑晶が特徴の「小松石」（安山岩）

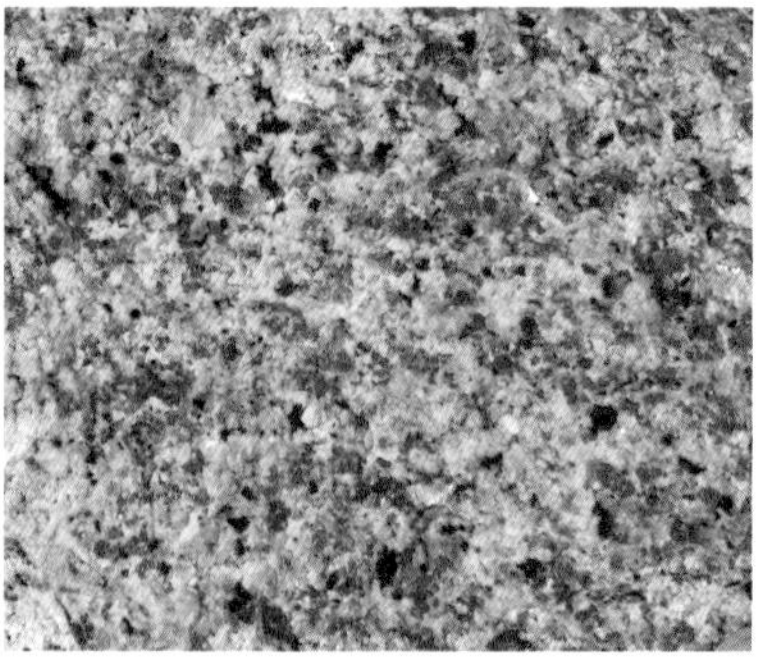

瀬戸内海の島から運ばれてきたと考えられる江戸城天守台石垣の花崗岩

江戸城石垣修復時に取り外した石を観察できる展示

と、石垣が花崗岩ばかりで真っ白に見える。「明暦の大火」の翌年（1658）に築かれたこの石垣は、直方体に加工された花崗岩ばかりがきれいに積み上げられており、江戸城の中で異彩を放っている。

天守台の手前にある小天守台の石垣には「熊野石（紀州みかげ）」も混ざっている。紀伊半島の尾鷲地域に分布する流紋岩［注1］にあたり、名古屋城や和歌山城の石垣にも使われている。もともとあった天守台の積み直しで使われた石かもしれないが、紀伊半島からも持ち込まれていたことは間違いない。

このように、江戸城築城時から天守台建設まで、石垣に使われる石が、小松石（安山岩など）から御影石（花崗岩など）に変わっていったことがわかる。遠くから船で持ってこなければならないうえに、加工や運搬技術とともに資金が必要であるにもかかわらずだ。権力を誇示する意味もあったかもしれないが、石垣には御影石が望ましいと考えていたのであろう。

［注1］地質学的には「熊野酸性岩類」という岩体で、かつては「花崗斑岩」と記載されることが多かったが、最近の分類では「流紋岩」に含めることが多い。

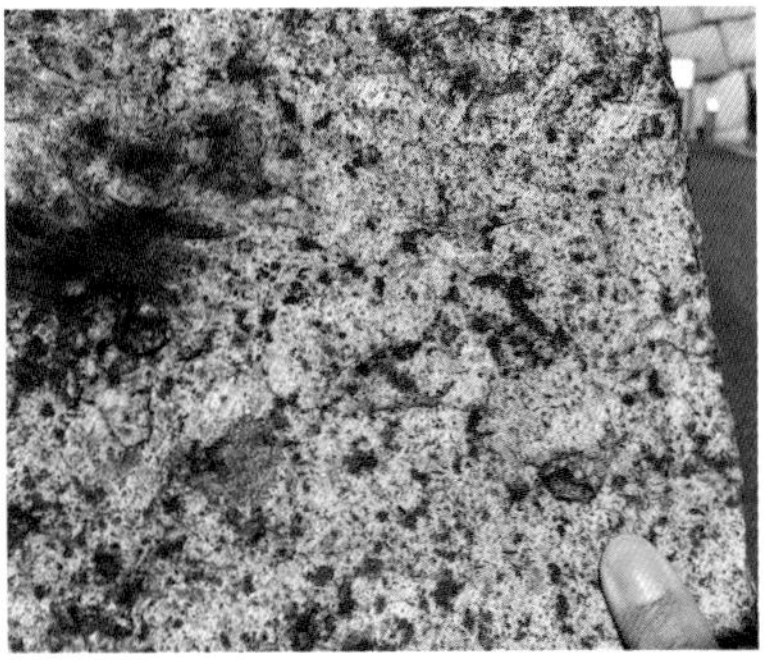

江戸城天守台石垣（左）と石垣に使われている「熊野石」（流紋岩、右）

小松石　幕末につくられた品川台場

ところが、幕末につくられた石垣は、安山岩（「小松石」）に逆戻りしてしまった。頻繁に来航するようになった外国船の脅威に対処するためにつくられた台場の石垣は、「小松石」でつくられている。現存する第三台場には歩いて行けるので、散歩がてらチェックしてみよう。レインボーブリッジのたもとにあるお台場ビーチの北端から行くことができる。

当時、海の中に石を積んで、これだけの建造物をつくりあげることには、相当苦労したはずだ。しかし、江戸城天守台の石垣を見た後だと、なんだか迫力が感じられない。品川台場の築造（1853）は、現存の江戸城天守台のほぼ200年後だというのに、積まれている石のサイズはそれほど大きくないし、そもそも、花崗岩が使われていない。ひょっとして、瀬戸内から花崗岩を運んでくることを忘れていたのか、花崗岩の需要がなくなって採石も止まっていたのか。単にコストの問題なのか。ともかく、選ばれた石材は小ぶりの「小松石」ばかりだった。

品川台場の石垣には、きれいに横に並べたような積み方（布積み）と、角を下に向けてランダムに置いたような積み方（谷積み）の両方があり、積み方に一貫性がないことから、石垣をつくる技術は衰

品川台場の「小松石」（安山岩）

ペリーの黒船来航に備えて作られた品川台場の石垣

退していたと考えられている。長きにわたって城が築かれることがなかったため、石加工や石積みを経験する機会が減り、技術が伝承されなかったようだ。品川台場の建造は、久々の大規模な石垣の築造で、石加工の技術を復活させることに役立ったのかもしれない。

明治になると、さらに「小松石」の出番が増えて、最初につくられた横須賀製鉄所のドック（1871）など、横浜から浦賀にかけてつくられたドックに「小松石」が使われた。当時の風景を描いた浮世絵にある石垣は、グレーに描かれていることが多いから、おそらく「小松石」だろう。「小松石」は、幕末から明治にかけて、東京の近代化を支えた石材なのである。

房州石　靖国神社の築地塀

桜並木で有名な靖国通りを歩くと、白い筋が入った靖国神社の築地塀《つきじべい》が続いており、桜の木とうまくマッチしている。塀の白い筋の本数は、格式によって違い、5本筋が最高位なのだという。そんな塀を見ながら歩くのも楽しいと思うが、街角地質学で見るべきポイントは、塀の土台のほうである。

塀の土台に使われている石材には、刷毛《はけ》ではらったような縞模様がある。近づいて見れば、軽石や砂粒がたくさん含まれており、色違いの粒が並んでいることで縞模様に見えていることがわかる。この縞模様は、火山灰や土砂が水の流れがある場所で堆積するときにできた構造（堆積構造）で、「クロスラミナ（斜交葉理）」という。地層がずれた小さな断層も見られ、堆積後の地殻変動でも石の模様に変化がもたらされている。

この石材は「房州石《ぼうしゅういし》」と呼ばれており、千葉県富津《ふっつ》市から鋸南《きょなん》町にかけて分布する約２００万年前の海底火山の噴出物が海底に積もってできた地層（上総層群竹岡層）を切り出したもの。岩石としては凝灰質砂岩〜細礫《さいれき》

靖国神社の築地塀の土台には刷毛ではらったような縞模様がある

築地塀の房州石に見られる断層

鋸山の地獄のぞき

岩で、火山性石材の「軟石」にあたる（37ページ参照）。日本地質学会が選んだ「千葉県の石」になっている。

「房州石」は、品川宿の寄木神社の本殿や谷中霊園の塀などにも使われており、石が採れない東京において、貴重な石材だった。幕末、品川台場の埋立には、細かく砕きやすい房州石などが使われ、明治の近代化を押し進めるための港湾開発の土木材料として、横浜や横須賀などで大量に使われた。やわらかくて加工しやすいから重宝されたのだろう。

江戸時代から長きにわたって切り出された結果、「房州石」を掘っている山には、石切場の岩肌が並んでしまった。遠くからはそれがギザギザとした鋸《のこぎり》の歯のように見えることから、鋸山と呼ばれるようになったという。1986年で採掘を終えたが、かつての石切場の跡は、今では「地獄のぞき」などと呼ばれる観光スポットになっている。

北木石　安山岩から花崗岩の時代へ

日本銀行本店には、旧館（本館、2号館、3号館）、新館及び分館があり、最初にできたのが1896（明治29）年竣工の旧館の本館である。日本人建築家による最初の本格的洋風建築という重要性から、1974（昭和49）年に国の重要文化財に指定されている。昭和になってから建設された2号館（1935）、3号館（1938）も、本館の外観に調和させる形で建設されており、全体的に歴史を感じさせる重厚な雰囲気を醸し出している。

本館の外壁を見てみよう。そばにある常磐橋《ときわ》（1877）に使われているのは安山岩（「小松石」）だが、日本銀行本館の外壁に使われている石材は「北木石」。瀬戸内海に浮かぶ岡山県笠岡市の北木島で採掘される花崗岩で、

上空から見ると「円」の形をした日本銀行本館（写真：日本銀行）

はるばる船で運ばれてきたのだ。さすがに時代を経て変色し、岩肌がわかりにくくなっているが、石英、カリ長石、斜長石、黒雲母からなる花崗岩である。

設計した辰野金吾は、石造建築には頑丈な花崗岩が望ましいと考えていたらしい。日本銀行本館の建設が始まる1890年より前、1889年発行の地学雑誌に、建築材料として花崗岩を使うべきという記事が掲載されているから、本格的な石造建築をつくるうえで、花崗岩のほうが強度があることを知っていたに違いない。

しかし、花崗岩を使った外壁の建設が始まると、石工職人がその加工に手こずり、工期が遅れてしまったという。当時の石材加工は手作業で、石工たちの経験がものを言うところだが、安山岩を日常的に扱ってきた関東の石工にとって、硬い花崗岩は扱いづらい石材だったのだろう。工期を短縮するため、石工は東西南北の4組に振り分けられ「最も早くできた組に1万円の報奨金を出す」と競争させられたという。

白っぽい石材がほとんどなかった東京で、建設中の日本銀行本店のまわりに集められた花崗岩は、ずいぶん目立ったはずである。日本銀行本店を支えることになった「北木石」は、その後も、三越日本橋本店新館（1914）、靖国神社大鳥居（1932）、明治生命館（1934）などに使われ、メジャーな花崗岩となった。江戸城の石垣と同様に、東京の街に使われる石材は、安山岩から花崗岩に主役交代となったのである。

現在も採掘されている北木島の採石場

白丁場石　花崗岩のピンチヒッター

日本銀行本館の外壁をよく見ると、1階部分と2階以上の部分とでは、少し雰囲気が違うことに気付かないだろうか。1階部分は前述のとおり「北木石」だが、2階以上の部分は「白丁場石」という神奈川県湯河原町で採掘されていた火山性石材である。

「白丁場石」は、花崗岩ではなくデイサイトという岩石で、約14万年前に噴出した箱根火山の溶岩流の一部だと考えられている。一般には〝安山岩〟とされていることも多い（24ページ図参照）。

では、なぜ外壁を同じ石材で統一しなかったのか。その理由は、花崗岩の加工で苦労しながら進めていた日本銀行本店本館の建設の最中に起こった濃尾地震（1891）にある。もちろん、岐阜県で起こった地震で、東京が揺れたわけではない。にもかかわらず、建設中の日本銀行で使う石材に影響があったとはどういうことかというと、設計変更があったのである。

濃尾地震による名古屋や岐阜の惨状を知った設計者の辰野金吾は、まだできていなかった2階以上を軽くすることで耐震性を向上させようと考え、レンガ造りに変更した。ところが、それを知った川田総裁が「総石造りとして承認を得たのに、株主たちに対して申し訳が立たぬ」と激昂したため、薄くスライスした石材をレンガの上に貼ることにしたという。このために選ばれた石材が白丁場石だった。ゴマ塩模様で、遠目には御影石そっくりだが、御影石よりもやわらかく加工しやすい。そんなわけで、日本銀行本店本館の上部は、「北木石」ではなく、「白丁場石」が使われることになったのだ。

いわば〝ピンチヒッター〟として急遽使われることになった「白丁場石」は、その後も、東京で活躍することとなる。兜町にあった第一銀行本店（1902（明治35）年竣工）、旧横浜正金銀行本店本館（1904年竣工・現神奈川県立歴史博物館）の2〜3階部分、旧帝国図書館（1906（明治39）年竣工・現国立国会図書館国際子ども図書館）、旧東宮御所（1909年竣工・現迎賓館赤坂離宮）の中庭側などに次々と使われた。

東京ではまだ御影石（花崗岩）は貴重だったから、代用しても

明治生命館の外観（左）と外壁に使われている「北木石」（右）。1997年に昭和の建造物として初めて重要文化財の指定を受けた

違和感のない石材として重宝されたのだろう。大正に入ると表舞台から消えてしまったが、1929年から始まった日本銀行本店の増築工事において、本館の様式に合わせるために再び使われた。

さて、「白丁場石」を観察しやすいのは、神奈川県立歴史博物館（2階部分）や国立国会図書館国際子ども図書館である。白っぽいマトリクス（岩石学では「石基《せっき》」という）の中に散らばっている黒い粒は輝石という鉱物で、花崗岩に含まれる黒雲母とは光沢や形状が異なる。近くで見れば、白っぽい「小松石」といった感じで、花崗岩とはまったく違う顔付きだ。

「白丁場石」と似た「横根沢石」が日比谷公会堂（1929年竣工）の玄関まわりや三菱一号館（1894年竣工・2009年福島県須賀川市産「江持石」で修復）の窓枠と隅石などでも使われた。花崗岩に似た淡色の石材が求められていたのであろう。

真壁石とヨーロッパ産大理石　迎賓館赤坂離宮

岡山県の北木島産の「北木石」が普及しつつあった明治終わりごろ、新たな花崗岩（御影石）が現れた。加波山西側にある現在

旧帝国図書館の外観（左）と外壁に使われている「白丁場石」（右）。現在は国立国会図書館国際子ども図書館として利用されている

日本唯一のネオ・バロック様式の建築物である迎賓館赤坂離宮

の茨城県桜川市真壁町で採掘され、古くから石灯籠などの工芸用に使われてきた「真壁石」である。1899(明治32)年から1909(明治42)年にかけて建設された旧東宮御所(迎賓館赤坂離宮)の外壁に使われ、東京の人たちの目を釘付けにしたに違いない。旧東宮御所は、1974(昭和49)年の大改修によって迎賓館へと生まれ変わり、今でも海外からの要人が来日するたびにニュースに登場するから誰でも見たことがある建築物と言って良いだろう。

当時の皇太子(後の大正天皇)のためにつくられたネオ・バロック様式の宮殿建築で、設計者は〝近代建築の父〟ジョサイア・コンドルの弟子の片山東熊。いかにも壮麗な洋風宮殿であることが当時の日本が西洋文明を取り入れようとしていたことを感じさせる一方、その威容をつくっている白い石が花崗岩だという点が日本らしい。

当時の日本が参考にしたヨーロッパの宮殿には石灰岩や砂岩が使われており、花崗岩ではない。硬い花崗岩にあれだけの彫刻を施した日本の石工の技術や苦労を感じる。迎賓館は接遇のある日などを除いて一般公開されているから、ぜひ外壁をチェックしてもらいたい。目（粒度）がやや細かい白っぽい花崗岩だとわかる。

迎賓館を見学するなら、内装に使われている大理石も見逃せない。廊下の腰壁はスペイン産「ロッソバレンシア」。床には大理石のモザイク。創建当時からとされる大理石は、朝日の間にある16本の円柱がノルウェー産「ノルウェジャンローズ」、大ホールの8本の円柱がイタリア産「ブレッシュ・ビオレット」。丸ごと大理石の柱なんて、現在でもつくるのは困難だろう。

玄関ホール床の市松模様は、イタリア産「ビアンコカラーラ」と宮城県産粘板岩「雄勝石（玄昌石）」であるが、これらは昭和の大改修（1974（昭和49）年、村野藤吾監修）で貼り替えられたもので、黒い部分はもともと「ベルジャンブラック」というベルギー産の黒い石灰岩が使われていたらしい。

中央階段横の赤い大理石はフランス産「ランゲドック（ルージュドフランス）」が貼られているが、改修前は、赤と緑の複数種の大理石だったという。これら大理石のうち19世紀末から採掘が始まった「ノルウェジャンローズ」以外は、パリのベルサイユ宮殿に使われているものばかりであり、迎賓館の設計にベルサイユ宮殿を参考としていたことが窺われる。

そのころ、東京で建てられた洋館のマントルピース（暖炉）や内装に大理石を使うことはあったが、大規模な

外壁には「真壁石」が使われている

建築用に使われた輸入大理石は日本初と言って良いだろう。日本人にとってのヨーロッパ産大理石のイメージがつくられるきっかけとなったのは迎賓館赤坂離宮なのかもしれない。

稲田石　東京を席巻し始めた花崗岩

真壁石の採掘が始まったころ、同じく筑波山地の北側で、別の御影石の本格的な採石が始まった。茨城県笠間市稲田産の「稲田石」である。「真壁石」や「北木石」よりも、やや粗目で、黒雲母が少なく、カリ長石が白く、ゴマ塩おにぎりのような模様の花崗岩である。

迎賓館朝日の間の全景（写真：いずれも内閣府迎賓館）

朝日の間の柱に使われている「ノルウェジャンローズ」

中央階段横に貼られた赤い色が印象的なフランス産の「ランゲドック（ルージュドフランス）」

明治から東京で使われ続けてきた「稲田石」に覆われた最高裁判所。直線で構成された外観が印象的

「稲田石」や「真壁石」が東京に進出してきた背景には、鉄道の発達がある。重たい石材の運搬に船を使うのが一般的だったころは島が有利だったが、鉄道という新たな石材運搬の方法ができて、情勢が変わった。内陸から石材の運び出しが容易になり、東京に近いこともあって、花崗岩の山が宝の山になった。

1889（明治22）年に水戸鉄道（現在の水戸線）が開通し、東京と筑波山地北部が線路でつながった。当初、稲田地区に駅はなかったが、「稲田石」の採掘を始めていた鍋島彦七郎が土地を買収したうえで、鉄道会社（日本鉄道）に無償提供し、1897（明治30）年に貨物駅がつくられることになった。これによって、東京への運搬ルートが確保された。

さらに、1904（明治37）年、東京では路面電車の建設が始まり、軌道用敷石の需要が生まれた。おかげで、「稲田石」は東京へ大量に持ち込まれるようになり、ポピュラーな石材になったのである。都電廃止後、軌道用敷石は歩道の敷石などに再利用され、銀座

迎賓館を手掛けた片山東熊により設計された東京国立博物館の表慶館（写真：東京国立博物館）

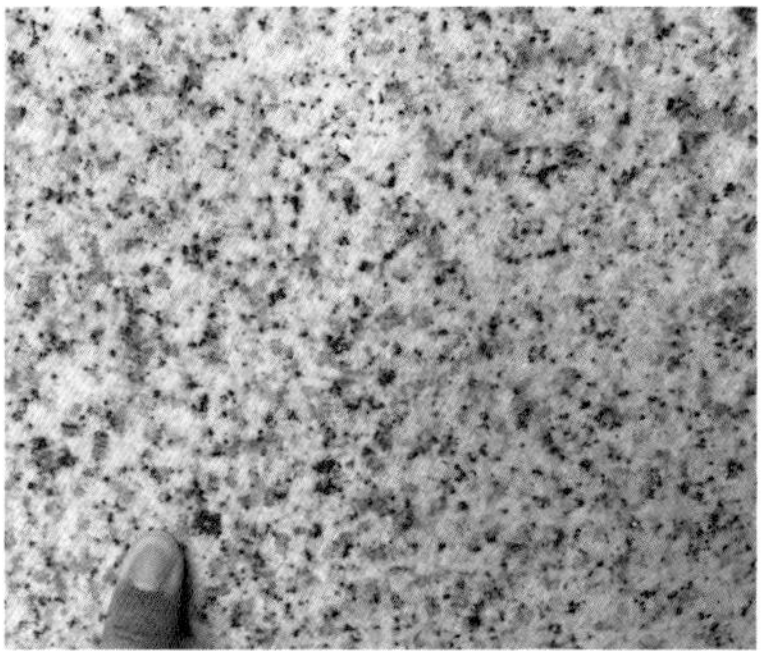

「稲田石」（花崗岩）はごま塩おにぎりのような模様が特徴

から日本橋にかけての中央通りの歩道などで今でも見ることができる。

１９０８（明治41）年に着工し、１９１４（大正３）年に開業した東京駅丸の内駅舎の一部にも使われ、２０１２年に駅舎が復元された際には、駅前広場に稲田石が白い帯をつくった（１６６ページ写真参照）。路面電車はなくなってしまったが、代わりにできた地下鉄の階段などではいまだに「稲田石」を見かけるから、よほど鉄道と縁がある石材のようである。

当初、「稲田石」は土木用に使われることが多かったようだが、近代史を飾った建築物にも使われるようになった。東京国立博物館の表慶館（１９０８）、三井本館（１９２９）、戦後ＧＨＱ本部が置かれたことで有名な第一生命館（１９３８）、最高裁判所（１９７４）、旧三菱銀行本店ビル（現三菱ＵＦＪ銀行本店ビル、１９８０）などの外壁に使われ、東京の街を席巻していった。

４つの花崗岩を使い分けた日本橋

日本橋は、橋そのものだけでなく、獅子像や麒麟像などの装飾や空襲時の焼夷弾の跡などがあって、訪れる観光客も多い。石材をしげしげと見る人は少ないだろうが、これほど立派な石橋はほかにないから、石自体にも注目してもらいたい。以前は、かなり汚れていて花崗岩であるかどうかさえわかりにくかったが、2010年の「日本橋クリーニングプロジェクト」で観察しやすくなった。

日本橋の建設は、真壁石の旧東宮御所が完成間近だった1908（明治41）年から始まり、1911（明治44）年に竣工した。日露戦争後で、欧米に負けない街づくりを目指していた時代である〝帝都〟にふさわしいデザインとともに、路面電車を走らせるのに十分な強度を持たせる設計が求められた。そこで、石橋でありながら、橋の内部にはコンクリートとレンガを詰めることになったという。

選ばれた花崗岩（御影石）は4銘柄。橋脚と基礎部分は「徳山石」、側面は「真壁石」、アーチ部と上面は「稲田石」、高欄（欄干）は「北木石」である。色や性質が異なる石材をわざわざ複数使ったのだから、石の強度や加工のしやすさなどに応じて使い分

COLUMN

上野の“パンダ石”

上野駅の公園口に駅をまたぐ「パンダ橋」という連絡橋がある。その公園側に「パンダ橋」と刻まれた石碑があって、解説板に「この石は接触変成岩のひとつで、花崗岩マグマが上昇中に砂岩や頁岩などを取り込んでできたもので、白と黒のコントラストの面白さからパンダ石と呼ばれています。」とある。パンダにしては、白い部分が少なすぎる気がするが、なかなか面白い石である。

白っぽい部分が、石材としては「稲田石」、岩石としては花崗岩だから、もともとはマグマだった。黒っぽい部分は、砂岩や頁岩で、もともとは海底に積もった砂や泥の地層だった。つまり、地下深くに押し込められた地層に、花崗岩のマグマが入り込んできたのである。地層はマグマの熱で焼かれてカチコチになっており、いわば“天然のやきもの”となっている。

「稲田石」ができるときに地下深部で起こった出来事が白黒の特異な模様となって、パンダの公園を飾っている。

日本橋全景。江戸時代には幕府により東海道、甲州街道、奥州街道、日光街道、中山道の五街道の起点と定められた。1908年に現在の日本橋が花崗岩でつくられた

欄干に使われている「北木石」

歩道に使われている「稲田石」

けたということだろう。ただ、関東大震災で破損した部分の補修のために追加した石材もあると思われ、竣工当時も同じ石材だったかどうかは定かではない。しかし、最初から花崗岩で覆われて、できたばかりの日本橋は真っ白に見えたに違いない。街歩きをしながら花崗岩に見慣れてきたら、当時の真新しい日本橋を思い浮かべてみよう。

ここで初めて登場したのが「徳山石（徳山みかげ）」。山口県周南市（以前は徳山市）の黒髪島で採掘されている花崗岩で、国会議事堂に使われていることで有名である（75ページ参照）。亀裂が少ない大きな石材が得られたため、基礎部分に採用されたのではないだろうか。この「徳山石」と側面の「真壁石」には近づいて観察できないが、日本橋を横から見れば、石材の微妙な違いを感じられるかもしれない。

明治・大正の洋館を外壁と暖炉に注目して見る

明治になって、欧米風の生活スタイルを積極的に採り入れようとした実業家らは、こぞって豪華な洋館を建設した。現在も残っている明治期の洋館には旧岩崎邸（東京都台東区・旧岩崎邸庭園内、1896）が大正期の洋館には旧島津侯爵邸（東京都品川区・現清泉女子大学本

COLUMN

徳山石（徳山みかげ）

東京スカイツリーの下にある「ソラマチ広場」に、高い石柱が立っている。澄川喜一氏デザインによる「TO THE SKY」という彫刻で、高さ10m、重さ22tもある。石材は、「徳山石（徳山みかげ）」という山口県周南市産の花崗岩である。日本橋橋脚や国会議事堂外壁に使われているものの、それらに近づいて観察するのは難しいが、この彫刻であれば、気軽に触れて観察できるのがうれしい。よく見ると、点在する大きめの白いカリ長石がまだら模様をつくりだしているのが特徴的。岩石図鑑に載っている典型的な花崗岩とは少し趣が違う感じがするかもしれない。

館、1915）や旧古河邸（東京都北区・旧古河庭園内、1917）がある。いずれも、お雇い外国人として日本の近代建築の基礎を築いたジョサイア・コンドルによる設計。レトロな建物が好きな人なら訪れたことがあるだろうが、石材に注目するとさらに楽しめると思う。

明治期の旧岩崎邸は木造だが、基礎部分には石材が使われている。ゴマ塩模様の火山岩（デイサイト）で、神奈川県湯河原産「白丁場石」である。日本銀行本店と同じ1896年竣工だから、湯河原の石切場から、日本銀行用とともに同じ貨物列車で運ばれていたかもしれない。各

旧岩崎邸の外観（左）と基礎に使われている「白丁場石」（右）。三菱を創設した岩崎家の第三代当主である岩崎久彌の本邸として建てられた

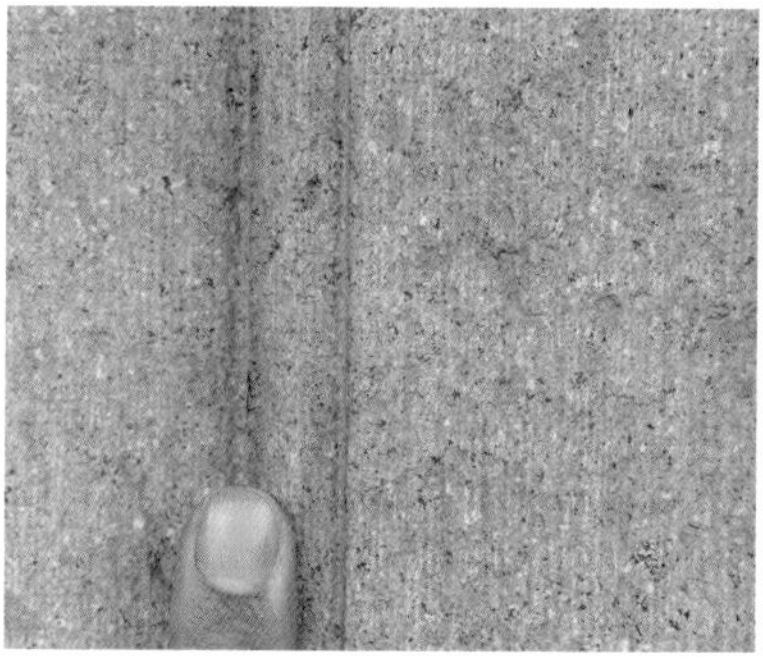

旧島津邸の外観（左）と外壁に使われている「横根沢石」（右）。島津家30代当主である島津忠重の邸宅として建てられ、現在は清泉女子大学の本館となっている

部屋のマントルピース（暖炉）に使われている大理石は、茨城県産の白い「水戸寒水」や岐阜県産の赤とグレーの柄がある「更紗《さらさ》」などである。2階トイレ壁には、岐阜県大垣市産のシカマイアという貝化石を含んだ大理石「美濃霞《かすみ》」が使われており、当時、これだけの国産大理石を調達できたことに驚かされる。

大正期の旧島津邸では、外壁に静岡県伊豆の国市産のデイサイト「横根沢石」と思われる石材が使われている。マントルピース（暖炉のまわりの装飾）に使われている大理石は、旧岩崎邸と同じく、岐阜県産「更紗」が多いが、茨城県産の白い「水戸寒水」などもある。

旧古河邸は、外壁が暗色で空隙もある火山岩（安山岩）である神奈川県真鶴産「新小松石」で、しかも屋根は天然スレート葺きであるから、まさに石で覆われた重厚な洋館である。外装と比べると、内装に石材は少なく感

上＝旧岩崎邸１階ホールの暖炉（「更紗」）、中＝旧島津邸の暖炉（「水戸寒水」）、下＝旧古河邸の暖炉（「更紗」）

じられるが、マントルピースには大理石が使われており、やはり「水戸寒水」か「更紗」である。「水戸寒水」は、サンルームの小噴水や浴室にも使われている。

どうやら、明治〜大正期の洋館で使われる石材は、外壁は神奈川県産の火山性石材、内装は白の「水戸寒水」と柄モノの「更紗」というのが定番だったようだ。竣工年が20年以上経って、同じ大正期であっても、同じような石材が使われているということは、その間、入手できる石材が限られていたことを示唆している。御影石（花崗岩）や海外産大理石は、個人の邸宅に使うにはまだ高価すぎたのかもしれない。それでも、1920年代後半ごろから建設された洋館には、石材の利用が増えていったのだから、富裕層にとって、石材は富の象徴だったということだろう。

COLUMN

屋根の石　雄勝石

東京駅丸の内駅舎の屋根は黒いスレート葺きとなっている。「スレート」とは、海底に積もった泥が圧縮され薄く剥がれやすくなった「粘板岩」のことである。

東京駅の屋根に使われている粘板岩は、主に宮城県石巻市雄勝町に分布する約2億6000万年前（古生代ペルム紀）の登米層から採掘された「雄勝石」が使われている。しかも、津波をかぶった石ばかりである。

丸の内駅舎の復元プロジェクトが進んでいた2011年、地震が発生、保管されていた6万枚以上の「雄勝石」が大津波で流されてしまった。やむなく「雄勝石」を使うことをあきらめ、スペイン産の粘板岩に変更することになりかけていたのだが、雄勝の人たちはあきらめなかった。街が津波に飲まれるという状況下で、2週間かけて約4万5000枚もの「雄勝石」のスレートを回収し、洗浄して、間に合わせたのである。「雄勝石」は、今、多くの人が見つめる丸の内駅舎の屋根となり、震災復興のシンボルとなったと言ってもよいだろう。

02

TOKYO
MACHIKADO
GEOLOGY

華やかな石材の時代（大正～昭和初期）

岡山産万成石と大垣産大理石

明治神宮に使われた石

「稲田石」と「真壁石」が近隣で調達できるようになった東京に、雰囲気の違う新たな御影石が現れた。岡山市万成地区で切り出される「万成石」である。遠目には、ほのかにピンク色で、桜を連想させるから、花見好きの東京人に受けたのかもしれない。

石全体がピンクというわけではなく、ピンク色なのはカリ長石という鉱物だけなのだが、それがかえって桜の花びらが散らばっているように見えるのかもしれない。現在でも、銀座の和光（1932）や伊勢丹新宿本店（1933）などの外壁として残っているから、真新しいときの石材を想像してみよう。きっと、華やかなビルに見えていたことだろう。

ノミ切り仕上げの「万成石」。クローズアップするとピンク色のカリ長石が含まれているのがよくわかる

「万成石」が使われている聖徳記念絵画館の外観

そんな「万成石」が初めて東京にお目見えしたのは、１９２１年、明治神宮宝物殿である。１９１２年の明治天皇崩御の後、東京市長の阪谷芳郎や実業家の渋沢栄一らが中心となり、明治天皇陵の東京誘致が考えられていたが、京都の桃山御陵への埋葬が決まったため、東京には代わりに、明治天皇をお祀りする神社が造営されることになった。１９２０年の創建後すぐに建設された宝物殿は、鉄筋コンクリート造の和風建築という画期的なものであり、社殿との調和を図りつつ耐震耐火性を持たせる目的があった。桜色の「万成石」は、和風建築に合うと評価されたのかもしれない。阪谷芳郎が岡山県出身だったことから、「万成石」をよく知っていた可能性もある。

さらに、同外苑に建設された東西約１１２メートルもある聖徳《せいとく》記念絵画館（１９２６）の外壁も飾ることとなった「万成石」は、東京でよく知られるようになったと思われる。すでに山陽本線も開通していたから、岡山からの鉄道輸送も容易になっていたはずだ。

聖徳記念絵画館の中央大広間

左上＝大理石で飾られた中央大広間／右上＝上から「錦紋黄」、帯のような「紅縞」、赤い部分は「菊花」、濃灰色の幅木は「折壁」（岩手県産御影石）／左中＝多様な石種が使われている床の大理石モザイク／右中＝階段の壁に使われた埼玉県産蛇紋岩「貴蛇紋」／左下＝黒い石灰岩「美濃黒」には巻貝の化石石造建築自体がめずらしかったころ、明治神宮の内苑と外苑に、桜色の石造建築ができたのだから、かなりインパクトがあったのではないだろうか。その後、百貨店などに立て続けに採用されていることから見て、「万成石」が東京で普及するきっかけとなったに違いない。

外苑の聖徳記念絵画館では、内装の国産大理石も見逃せない。国会議事堂（1936）よりも1年早く着工、10年も前に竣工したのだから、大規模な建築物の内装としては、初の国産大理石ということになるだろう。建築物への大理石利用の歴史という観点からも興味深い。

特に大理石が多用された中央ホールの壁と床は圧巻で、絵画鑑賞を忘れてしまいそうだ。中央ホールに入ったら、つい天井を見上げてしまうだろうが、視線を下に降ろして、壁を見てみよう。壁面に使われている大理石は、上から「錦紋黄《きんもんき》」「紅縞」「菊花」という銘柄で、いずれも岐阜県大垣市産の石灰岩。あえて絵画のような模様があるものを厳選して使ったのではないかと感じる。

地下ホールやそこに至る階段には、別の大理石（山口県産石灰岩「薄雲」や埼玉県産蛇紋岩「貴蛇紋」など）が観察できるし、黒い石灰岩「美濃黒」には化石も見つかるとなれば、貼り付いて観察するしかない。

国産大理石にはヨーロッパ産とは違う趣があるように感じるのだが、それが日本の美的感覚からくるものなのか、岩石の形成環境の違いからくるものなのか考えてみるのも面白い。日本の伝統と近代化の狭間にあった建築物の内装に絵画のような使われ方をした大理石は、その後の日本における大理石の使い方に影響を与えたに違いない。しかし、そこに地球のダイナミズムまでを感じられる人はまだいなかっただろう。

国会議事堂の外観

国会議事堂建設がもたらした石材

国会議事堂自体は、気軽に石材見学できるところではないが、日本の石材利用の歴史を理解するうえで重要なので触れておきたい。

国会議事堂の建設が始まったのは、1920（大正9）年。それに先立ち、1910（明治43）年から全国の石材が探査され、材質の試験等が行われた。新議事堂には国産材だけを使用するという方針となっていたためである。この調査は、建築や石材業界に全国の石材に関する情報をもたらすことになった。

この調査の結果を踏まえ、まず外壁下部に使う石材として「徳山石」が選ばれた。「徳山石」は錆が出にくくて頑丈なことと短期間に大量調達可能な埋蔵量が評価されたらしい。次に外壁上部に使う石材として「帯茶色花崗石を使用する方が非常に温和で素直な外観が得られる」という理由で、3つの候補の中から「尾立石」（後に「議院石」と呼ばれるようになった）が選ばれた。

議事堂建設が始まってから選択基準が変更になっていることから、すでに建設中だった聖徳記念絵画館の「万成石」が影響しているのではないだろうか。「万成石」も候補のひとつであったのに、「尾立石」のほうに軍配が上がったのは大量調達が可能だったためとされており、「万成石」のほうは聖徳記念絵画館に供給するのが精一杯だったのかもしれない。

国会議事堂という大規模な建築を実施するにあたっては、石材の大量供給が重視されていたのである。すでに東京で普及し始めていた稲田石が最終候補に残らなかった理由は、色合いが白すぎるということもあるようだが、調査がなされたころは、まだ本格的な採掘を始めたばかりで、短期間のうちに大量の石材を安定供給できる体制にはなっていなかったという記録もある。その後、稲田石は、三井本館（1929）や第一生命館（1938）に使われるなど建築石材としてもメジャーになっているから、議事堂建設がもう少し遅れていたら、「稲田石」が採用されていたとしても不思議ではない。

一方、内装には、三十数種類の大理石などが使われているよう

議員の記念撮影でも使われる中央階段の白い大理石は「水戸寒水」

国会議事堂の外壁下部に使用されている「徳山石」

岩石種	石材名称	産地（現在の地名）	岩石種	石材名称	産地（現在の地名）
石灰岩	青梅石	東京都西多摩郡日の出町大久野	石灰岩	答島	徳島県阿南市津乃峰町答島
	紅葉石	静岡県島田市千葉		金雲	高知県香美市夜須町手結
	美濃赤石	岐阜県大垣市赤坂町		三宝	高知県香美市野市町
	鵬足石	岐阜県大垣市赤坂町		土佐桜	高知県香美市野市町
	紅雲	岐阜県大垣市赤坂町		土佐錦	高知県香美市野市町
	紅縞	岐阜県大垣市赤坂町		彩雲	高知県高知市布師田
	遠目鏡	岐阜県大垣市昼飯町		琉球石	沖縄県国頭郡本部町瀬底（瀬底島）
	紫雲石	岩手県遠野市宮守町達曽部			沖縄県宮古郡伊良部町池間添（宮古島）
	黒柿	岡山県新見市哲多町本郷		黄龍	大韓民国京畿道小青島
	霞	山口県美祢市大嶺町	結晶質石灰岩	茨城白（水戸寒水）	茨城県常陸太田市真弓町
	薄雲	山口県美祢市大嶺町北分		紫雲	山口県美祢市秋芳町
	黒霞	山口県美祢市大嶺町西分		小桜	山口県美祢市美東町長登
	鶉	山口県美祢市秋芳町		山吹	山口県美祢市於福町
	白鷹	山口県美祢市秋芳町青景		金華	福岡県北九州市小倉南区字小森
	吉野桜	山口県美祢市秋芳町岩永	トラバーチン	オニックスマーブル	富山県黒部市宇奈月町下立
	加茂更紗	徳島県阿南市加茂町		長州オニックス	山口県美祢市大嶺町
	淡雪	徳島県阿南市加茂町黒河	蛇紋岩	貴蛇紋	埼玉県秩父郡皆野町上三沢
	新淡雪	徳島県阿南市山口町		蛇紋	埼玉県秩父郡皆野町三沢
	時鳥	徳島県阿南市阿瀬比町	かんらん岩	竹葉石	熊本県宇城市松橋町内田
	木頭石	徳島県那賀郡那賀町木頭みさご山	凝灰岩	日華石	石川県山中温泉付近
	曙	徳島県那賀郡那賀町坂州高山平			

国会議事堂の内装に使われている石材一覧（工藤ほか（1999）によるまとめ、石田ほか（2009）などから作成）

だ。これだけ多くの国産大理石を集めた建築物は国会議事堂だけであろう。さすがにふらりと行ける場所ではないので、主なものを紹介しておく。

中央玄関内壁は徳島県産「加茂更紗」、中央階段両側の壁は徳島県産「時鳥《ほととぎす》」。中央階段は茨城県産「水戸寒水（茨城白）」。中央広間の壁や柱は、沖縄県（糸満、瀬底島、宮古島）産の琉球石灰岩。そこに設置されている板垣退助、大隈重信、伊藤博文の銅像の台は、淡褐色の縞模様が特徴的な富山県産「オニックスマーブル」。なお、中央広間は一般見学で見ることができる。議場まわりの壁にある赤〜褐色の筋が入る山口県産「小桜」は、議員のぶら下がり取材でテレビに映ることがある。

このように多様な大理石が使われているのは、短期間に必要な量を揃えるのが難しかったことの裏返しでもある。建設中に見舞われた関東大震災後、東京各地で復興事業が進められていた時期でもあり、石切場はフル稼働になったに違いない。議事堂の石は、そんな状況下で、多くの人が苦労して調達してきたものだ。

国産材だけで賄おうとした議事堂建設は日本の石材産業に大きな影響を及ぼしたと思われる。議事堂に採用された石材はブランド価値を上げただろう。たとえば、外壁に採用された「徳山石」や「議院石」は、関東では「稲田石」に押されてしまったものの、全国的に知られる石材となり、西日本ではメジャーになった。また、利用可能な大理石の事前調査が行われたことで、大理石という装飾用石材としての需要があることが認識され、各地で開発を促すことになった。このように全国各地で、石材需要の掘り起こしになったに違いない。

ところが、議事堂がようやく竣工（1936）した翌年、日中戦争が始まって戦時体制になってしまった。もし、戦争になっていなければ、より多様な石材が探査され、石造建築物も増えていたかもしれない。

関東大震災で石材が広まった？

関東大震災が起こった1923（大正12）年9月1日、帝国ホテルの落成記念披露宴が開かれることになっていた。周辺の多くの建物が倒壊したり火災に見舞われたりする中、大きな損傷もなかったことから、大震災を耐えたホテルとして知られることになった。同時に、火災被害が甚大であったため、建築材料の耐火性の点から、石材に注目が集まることになった。

この帝国ホテルに使われていたのが「大谷石」である。宇都宮市大谷町で採掘されている凝灰岩で、多孔質であることから軽くてやわらかい（125ページ参照）。現在は、愛知県の明治村に一部が移築・展示されており、幾何学的な彫刻模様を施して使われていた「大谷石」を見ることができる。なるほど、当時の技術で、しかも短

明治村に移築・展示されている帝国ホテル中央玄関

期間で、大量の石材加工をするには「大谷石」でなければならなかっただろうと思える。

帝国ホテルには、別の石材も使われていたらしい。「由良《ゆら》石」である。香川県高松市由良山で採掘されていたデイサイトで、現在では、東京大学医学部附属病院研究管理棟や旧公衆衛生院（現港区立郷土歴史館）などで見ることができる（123ページ参照）。

しかし、大震災後、首都圏の建造物に石材が採用されることが増えたかというと、そうでもなさそうである。「大谷石」は、販売量が増加したというものの、倉庫や蔵あるいは石垣や塀などでの利用ばかりで、大規模な建築物には使われなかった。「大谷石」の塀で囲まれた築地本願寺（1934）も本堂には花崗岩を使っている。耐火性のありそうな花崗岩には、火災の熱により表面が欠けてしまう欠点のあることが判明したこともあり、セメントに砕いた石などを混ぜることで天然石に似せた「擬石」が増えることになったようだ。

結局、石材に求められる重要な機能が、耐火性よりも装飾性にシフトしていったのだろう。東京の人たちは、鉄筋コンクリートの建物を美しく見せる装飾性を石材に求めるようになっていった。外装用には、聖徳記念絵画館と三井本館（1929）に使われた「万成石」と「稲田石」が、震災後に勢力を広げた。実際、三井本館の「稲田石」でつくられた巨大なコリント柱は圧巻で、当時の人々の目には豪華絢爛なオフィスビルに見えていたのではないだろうか。内装用には、高級感を演出するためにヨーロッパ産大理石が使われるようになった。震災復興に伴う特需は、石材大量供給体制の確立を促したと思われる。

帝国ホテルで使用されていた「大谷石」

港区立郷土歴史館玄関の「由良石」

「稲田石」で覆われた三井本館

ヨーロッパ産大理石の普及　銀座線沿い

日本で初めて大理石の販売を始めた矢橋大理石商店（現矢橋大理石株式会社）は、1925年より、イタリアから大理石の原石を輸入し、国内の自社工場での加工を始めた。これがきっかけとなって、イタリアを中心とするヨーロッパ産大理石が普及することになった。関東大震災後の復興と地下鉄銀座線建設とともに活気付いていく東京の街を飾った当時の大理石を探して中央通りを歩いてみよう。

1927年に浅草〜上野間が開通した地下鉄銀座線は徐々に延伸され、1932年、三越が資金を負担した三越前駅が開業した。三越の入口前にある改札口付近には、アールデコ風の装飾が施されたピンク色の大理石の柱が当時のまま残されている。大理石の銘柄はイタリア産「ローザコラーロ」で、その下には黒い山口県産「黒霞《くろかすみ》」がある。プラットホームへの階段の壁には高知県産「暁《あかつき》」が貼ってあり、当時の面影を残す貴重な石材装飾と言える。

三越日本橋本店の内装にも大理石がふんだんに使われているし、日本銀行や三井本館といった近代建築もある日本橋界隈は、レトロな石材が

近三ビルヂング外壁の岩手県産「折壁」

近三ビルのロビーの壁はトラバーチン、床は「霰」

銀座線銀座駅の柱の「錦紋黄」

地下鉄三越前駅改札口前の「ローザコラーロ」

楽しめるエリアである。村野藤吾の独立後初の作品という近三ビルヂング（旧森五ビル、１９３１）の内装にはイタリア産トラバーチンが使われている。

さらに、同年開業した日本橋駅と京橋駅は、建設費用の一部を髙島屋（白木屋とともに）、明治屋がそれぞれ負担した。地下鉄の石材は改修ですっかり取り替えられてしまったが、日本橋髙島屋の内装には当時の大理石がふんだんに残っている。翌１９３３年に竣工した明治屋京橋ビルの外壁には万成石が健在。内部は改修されているが創建時の姿が再現されており、「キャンポ」が使われている。

１９３４（昭和９）年に、地下鉄が銀座まで延伸。松屋と三越の資金提供で建設された銀座駅には、ベルギー産「ルージュロイヤル（ルージュドゥヌービルドゥミフォンス）」やポルトガル産「リオシュ」などが使われていたが、改装されて撤去されてしまった。

１９２９年竣工の松屋もすっかり改装されてしまったが、大垣産「紅更紗《べにさらさ》」が使われている階段の壁が保存されている。１９３２（昭和７）年に竣工された和光本館の外壁は岡山産「万成石」と韓国産花崗岩、内部にイタリア産大理石が使われている。「スタラティーテ」を使ったエレベーターホールや「ボテチーノ」の階段手摺はなんとも華やかで優雅な趣がある。

少し離れるが、被災した築地本願寺も、１９３４（昭和９）年に古代インド様式を基礎とした耐震耐火の鉄骨鉄筋コンクリート造に建て直された。本堂正面入口には、寺院とは思えないくらいの岐阜県大垣市産の石灰岩がふんだんに使われているだけでなく、敷地を取り囲む塀は「大谷石」であり、一見の価値がある。

このように、関東大震災とその後の復興期に、石材で建物を装飾する文化が開花したようだ。特に、多くの一般人の目に留まる百貨店や地下鉄駅に使われた石材は、身近に感じられるようになっていただろう。急速に普及してきたヨーロッパ産大理石が、国産大理石とともに、〝和洋折衷コンビネーション〟で使われていたのである。

和光本館１階の岡山産「万成石」

「スタラティーテ」を使ったエレベーターホール

階段にはイタリア産「ボテチーノ」が使われている

石材で装飾したデパート　三越日本橋本店

１９３０年代、大理石で飾り立てた百貨店が次々と現れた。一般の人々が大理石を目にするようになった場所は百貨店と言って良いだろう。

三越日本橋本店の新館が落成したのは１９１４（大正３）年。１９２１（大正10）年にのちに金字塔と呼ばれる高塔がある西館を増築したが、１９２３年の関東大震災で甚大な被害を受け、１９２７年に大規模な修復を行った。その後も改修と増築を繰り返していて、それぞれの石材がどのタイミングで設置されたものなのか三越自身もわからないというが、現在見られる石材の多くは震災後に設置されたものと思われる。レトロな石材を見ながら歴史をたどってみよう。

現在の三越日本橋本店の外観を見ると、最初に建設された旧館部（１９２７年修復）と増築部（１９３５年以降）でデザインが違っていることに気付くだろうが、外壁に使われている石材も違う。旧館部の腰壁は白っぽい御影石「真壁石」、増築部はピンクの御影石「万成石」。貼ったばかりの石材では、今よりずっと色の違いがはっきりしていたはずで、同じ石材に合わせなかったのが意外な感じがする。明治神宮と国会議事堂に使われた「万成石」の影響なのか、白からピンクへと御影石の流行の変化を示しているようで面白い。

彫刻を施してある玄関（ライオン口）の縁は「北木石」と思われる。外壁を取り替えるのは大変であるし、すでに利用実績もあった石材であることからしても、この「北木石」は１９２７年修復時に設置されたものだろう。

北側（三井本館側）にある三井口を入ったところの壁には、グレーに白や黒の筋が入った大理石が使われており、高知県産「暁」か徳島県産「淡雪」と思われる。この大理石は北側階段にも使われているから、外壁と同時期の施工であろう。別の階段（GとH階段）には山口県産「白鷹《はくたか》」も使われており、国産大理石でまとめていたようだ。

１９３５年の増築改修時につくられた中央ホールは、５階まで吹き抜けのうえにパイプオルガンが設置され、ずいぶん力を入れて建設されたことが伝わってくる。しかし、このホールの重厚な雰囲気をつくっているのは、見渡す限りの壁に貼られた大理石のおかげであろう。

メイン階段などに使われているベージュの壁はイタリア産「ネンブロロザート」、２階までの赤い柱はフランス産「ルージュ・ドゥ・ヴィトロール」、１階のホール周辺の柱はフランス産「ヴェールデストゥール」と、ヨーロッパの有名大理石が使われている。当時、輸入石材をふんだんに使っているところに、並々ならぬ気合いを感じてしまう。

ちなみに、ネンブロロザートには、アンモナイトなどの化石が含まれていて、見学ポイントになっている。

後に設置された天女像を臨む吹き抜けまわりの床に貼られた大

「万成石」が使われた三越日本橋本店本館増築部（左）

ライオン口の「北木石」

天女像のある三越日本橋本店の中央ホールの壁や柱には大理石が貼られている

理石はフロアごとで異なる。1階は「霰《あられ》」、2階はイタリア産「ボテチーノ」、3階はイタリア産「ロッソベローナ（ロッソマニャボスキ）」、4階はイタリア産「ペルリーノロザート」、5階は埼玉県産「蛇紋」。三越劇場のある6階床はポルトガル産「ローズオーロラ」である。これはもう下を向いて歩かずにはいられない。

さらに、7階「特別食堂」の壁は、イタリア産の緑色の大理石「グリーンチポリーノ」となっており、まるで大理石の博物館だ。

これらの輸入大理石は、国産大理石より彩度が高いものが多い。恐慌後の景気回復期を象徴するかのように、百貨店の中でも目が集まりそうな場所を華やかな大理石で飾り、フロアや階段などは国産大理石で落ち着いた雰囲気にまとめていたようだ。大理石の使い方を試行錯誤していた時代だったのかもしれない。

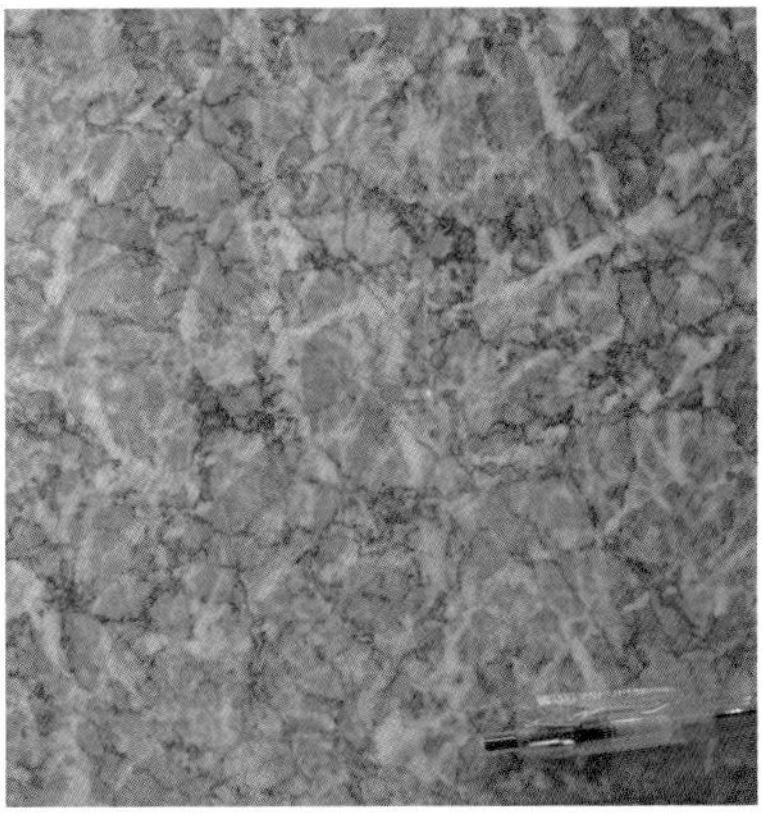

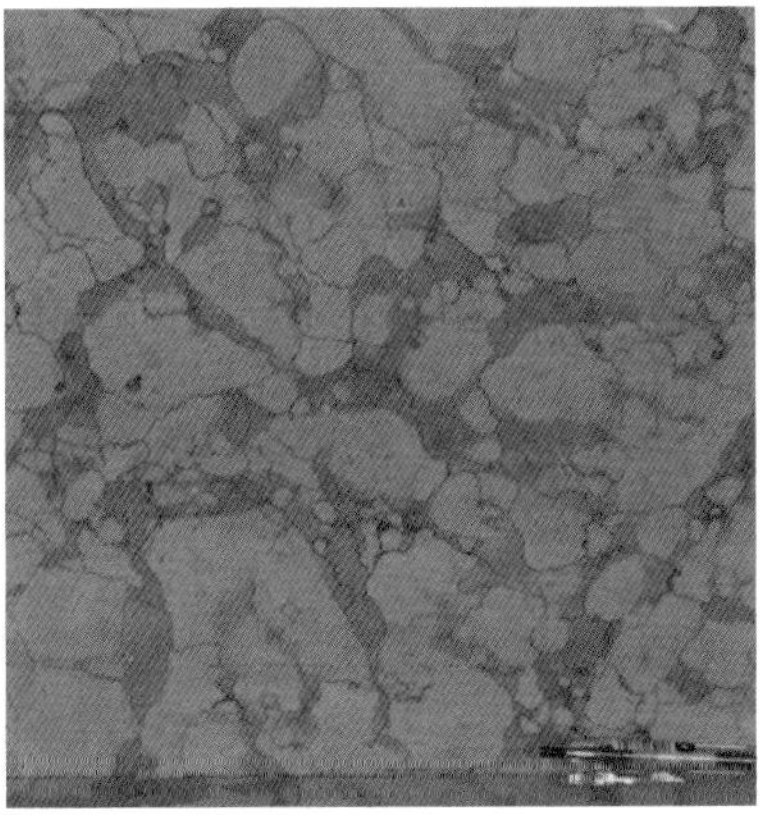

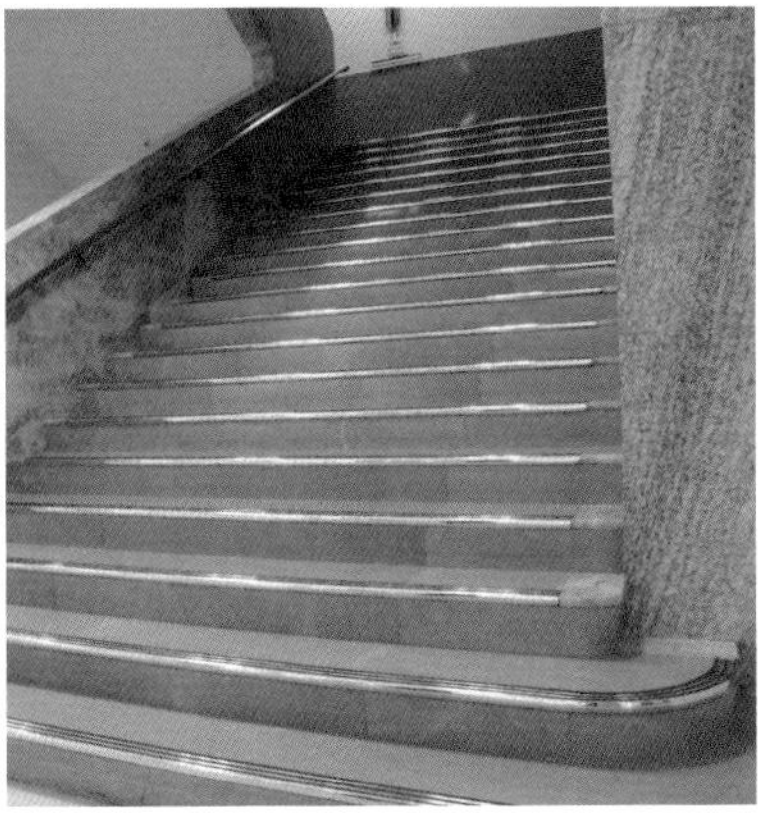

三越日本橋本店はまるで大理石の博物館

左上＝三越日本橋本店三井口玄関／右上＝三井口玄関の「暁」または「淡雪」と思われる大理石／左中＝吹き抜けに使われている「ネンブロロザート」／右中＝「ルージュ・ドゥ・ヴィトロール」が使われた赤い柱／左下＝階段横柱の「ヴェールデストゥール」と手摺の「白鷹」（写真：国士舘大学乾睦子教授）

竣工当時の姿をとどめている髙島屋のエレベーターのまわり（左）。1、2階にはイタリア産「スタラティーテ」が使われている（右）

日本橋髙島屋、伊勢丹新宿本店、明治生命館

三越日本橋本店とともに見ておきたい百貨店が、日本橋髙島屋である。実は、三越が大規模な改装を終える前の1933（昭和8）年3月に開業しているから、一般の人たちにヨーロッパ産大理石を披露したのは髙島屋のほうが先だっただろう。1933年に、高橋貞太郎の設計で日本生命館として建築され、髙島屋が借りていた。その後、1952〜1965年にかけて、村野藤吾により増築・改修が行われているが、増築部分とのデザインを合わせて建物全体の統一性が重視されていたことが窺われる。

日本橋髙島屋の外壁には、東京国立博物館と同じ福島県産花崗岩「桜みかげ」や岡山県産花崗岩「万成石」が使われている。

内装には、もともとイタリア産と国産がふんだんに使われていたようで、見どころは竣工当時の姿をとどめているエレベーターのまわりに使われている壁。1、2階は「スタラティーテ」という飴色のオニックスマーブルで、縞模様があって遠目には木材の年輪のようにも見える。3〜7階は山口県産石灰岩「黄更紗」、

「桜みかげ」や「万成石」が使われた日本橋高島屋の外観

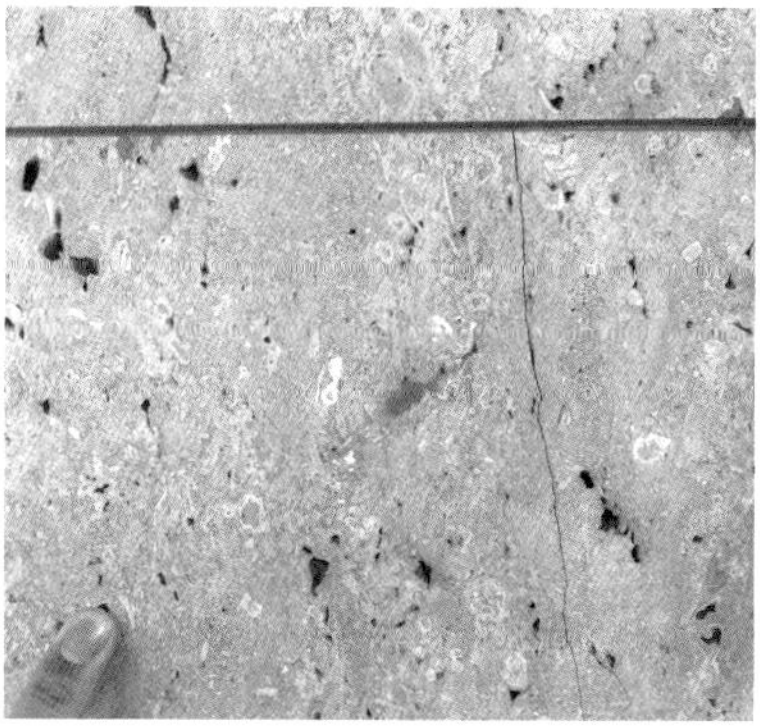

伊勢丹新宿本店の階段の琉球石灰岩

伊勢丹新宿本店の「紫更紗」が使われた階段

「キャンポ」を使った明治生命館の玄関の壁

和洋折衷のコンビネーションが美しい明治生命館の店頭営業室

屋上はイタリア産トラバーチン「トラベルチーノロマーノ」、地下には山口県産石灰岩「小桜」と思われる貴重な大理石が、彫刻を施された竣工当時の姿で保存されている。１階の柱や壁にはイタリア産石灰岩「ネンブロロザート」が使われているほか、階段には「白鷹」「霞」「茶竜紋《ちゃりゅうもん》」といった国産大理石が使われている。

日本橋髙島屋と同じ年にできた伊勢丹新宿本店（１９３３年９月）の外壁には、岡山県産「万成石」が使われており、当時の万成石の勢いを感じる。新宿通り側玄関にはイタリア産「ネンブロロザート」、階段の腰壁には山口県産「小桜」、階段手摺には山口県産「紫更紗」、階段床には琉球石灰岩が使われており、同様な大理石の和洋折衷コンビネーションが見られる。

終戦後にアメリカ極東空軍司令部として使用されたことで有名な明治生命館（１９３４）でも、同時期の石材を観察できる。２００５年に行われた外壁の洗浄や復元工事のおかげで、北木石のつくりだす美しい外観が楽しめるだけでなく、土日だけではあるが、大理石で装飾された内部もじっくり見学できてうれしい。内装の大理石は、玄関ホールにイタリア産「キャンポ」、カウンターに徳島県産「茶竜紋」、壁にイタリア産「ボテチーノ」、床に「ネンブロロザート」と、和洋折衷コンビネーションとなっている。

国立科学博物館、東京国立博物館

博物館も一般の人たちに親しまれたであろう石造建築である。1930（昭和5）年に国立科学博物館日本館が、1937（昭和12）年に東京国立博物館本館がそれぞれ竣工。いずれにもヨーロッパ産と国産大理石の和洋

和洋折衷の石材のコンビネーションが美しい国立科学博物館日本館の中央ホール（写真：国立科学博物館）

上から「日華石」、「更紗」、「蛇紋」が使われた国立科学博物館の柱と床

「茶竜紋」や「桜みかげ」が使用された東京国立博物館本館エントランス（写真：東京国立博物館）

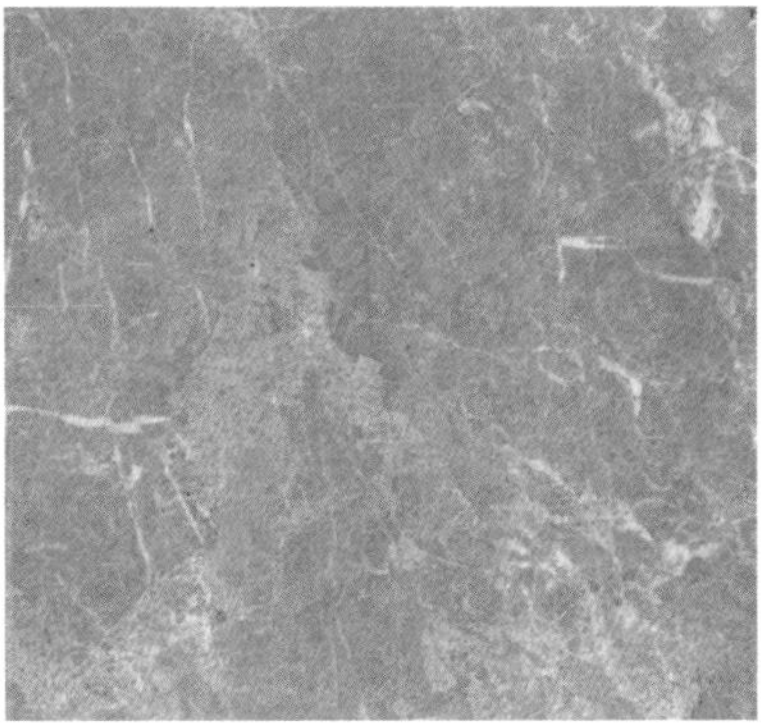

徳島県産「茶竜紋」のクローズアップ（横約25cm）

折衷コンビネーションが見られる。

国立科学博物館の階段にはイタリア産石灰岩「キャンポ」や「ネンブロロザート」、壁には石川県産凝灰岩「日華石」と福島県産花崗岩「桜みかげ」と思われる石材、床には埼玉県産蛇紋岩「蛇紋」と岐阜県産石灰岩「更紗」が使われている。

東京国立博物館のエントランスにある階段のまわりには、徳島県産石灰岩「茶竜紋」が全面的に貼られていて圧巻だ。

現在は港区立郷土歴史館として使われている旧公衆衛生院の外観（左）と玄関に使われている香川県産デイサイト「由良石」（右）

床や外壁の花崗岩は、福島県南相馬市産花崗岩「桜みかげ」である。

建設当時は博物館ではないが、今は港区立郷土歴史館になっている旧公衆衛生院（1940）は、残存する戦前最後の大型建築と思われる。玄関には香川県産デイサイト「由良石」とイタリア産石灰岩「ネンブロロザート」が、中央ホール床には山口県産石灰岩「白鷹」と岐阜県産石灰岩「美濃黒」が使われているが、ヨーロッパ産大理石の存在感は少ない。華やかさを謳う商業施設と違い、公共施設や大学には、コストのかかるヨーロッパ産大理石はあまり使わなかったのかもしれない。

昭和初期の洋館めぐり

関東大震災の後につくられた昭和初期の洋館には、石材が多く使われており、彫刻も施されていることが多く、装飾性が高いから楽しみやすいのではないだろうか。

井の頭線駒場東大前駅から住宅街を10分ほど歩いたところにある目黒区立駒場公園の中には、旧前田侯爵駒場邸があり、無料で見学できる。1929（昭和4）年竣工の洋館で、石材がふんだんに使われて

旧前田家本邸全景

埼玉県産蛇紋岩の「貴蛇紋」が使われた柱

外壁に使用されている石川県産凝灰岩「日華石」

いるので、石好きにオススメの洋館である。外壁が石川県産凝灰岩「日華石」とは、さすが前田家。東京で「日華石」を使った建築は貴重である。玄関の階段から床は「万成石」で、イタリア産と徳島県産大理石のモザイクもすばらしい。中に入ると、濃緑色の立派な柱は、埼玉県産蛇紋岩「貴蛇紋」。いくつもあるマントルピース（暖炉を囲む装飾）は、高級大理石オンパレードで、階段下が岐阜県産「錦紋黄」、大客室がイタリア産「ポルトロ」、小客室や2階三女居室がイタリア産「ネンブロロザート」、2階夫人室などはフランス産「ジョーヌ・ドゥ・ブリニュール」といった具合だ。大食堂出窓と三女居室暖炉の「ネンブロロザート」にはアンモナイトの化石も見られる。

千代田区紀尾井町の赤坂プリンス・クラシックハウスは、1930（昭和5）年竣工。現在は、カフェとなっ

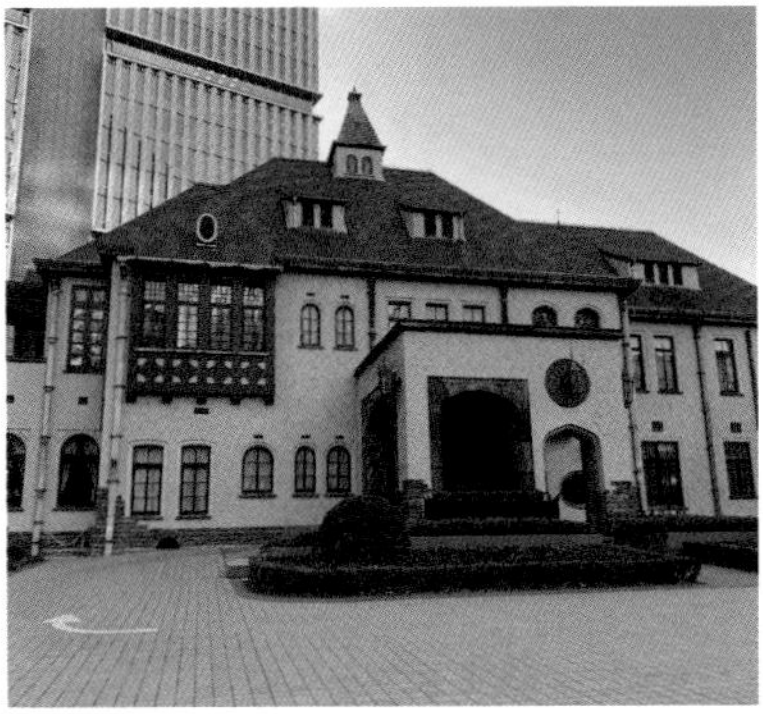

赤坂プリンス・クラシックハウス全景

黒いイタリア産大理石「ポルトロ」が使われた玄関

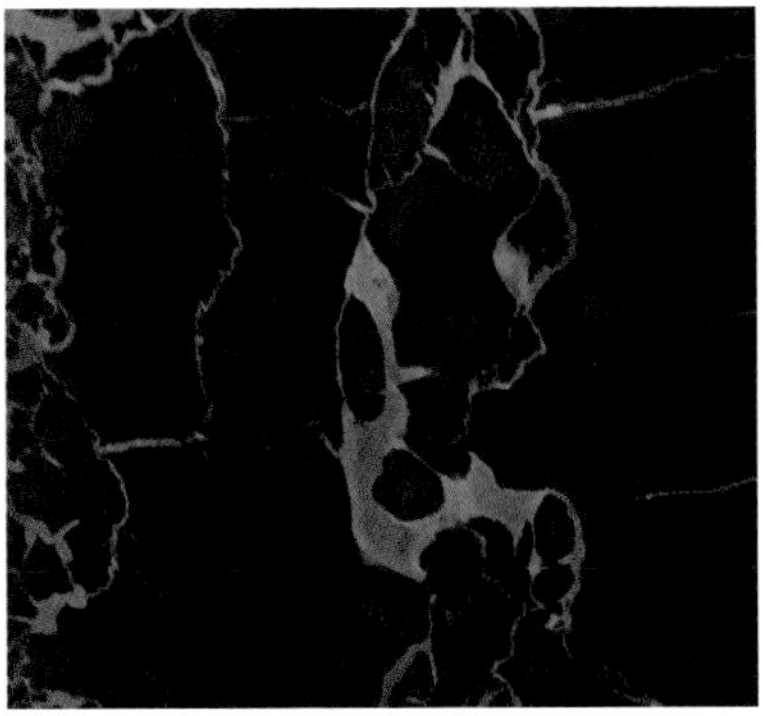

「ポルトロ」のクローズアップ（横約 25cm）

ているので、石めぐりの休憩場所にピッタリである。日韓併合によって日本の皇族に加えられた李王家の邸宅（旧李王家東京邸）だった建物で、車寄せの柱には「新小松石」が使われているのが東京らしい。玄関ドアの下に黒いイタリア産「ポルトロ」があって驚かされ、細かい大理石モザイクに感激する。部屋の壁などにはグレーの徳島県産「淡雪」が使われている。石材に派手さはないが、シックで落ち着いた雰囲気にまとめられている。

港区白金台の旧朝香宮邸（東京都庭園美術館）は、1933（昭和8）年竣工。皇族の邸宅にしては、鉄筋コンクリート造の質素な外観だが、内装はアールデコ調の華やかな装飾となっている。大広間のマントルピースはイタリア産「ポルトロ」、大食堂のマントルピースはイタリア産「ジャーロシエナ」、大客室は富山県産「オニックスマーブル」など、バラエティに富む大理石が使われている。第一階段には、「スタラティーテ」と「ポルトロ」、第一浴室はフランス産「ヴェールデストゥール」などの高級大理石が並ぶ。

「ジャーロシエナ」が使われた旧朝香宮邸の大食堂のマントルピース（写真：東京都庭園美術館）

昭和初期の3つの洋館のいずれにも超高級大理石とされるポルトロが使われていることは興味深い。決して華やかな大理石ではないが、黒と褐色という色の組み合わせが漆と金を連想させて、日本人の嗜好に合っているのかもしれない。明治村に保存されている旧東宮御所の調度品にもポルトロを使った花台があり、この時代に輸入されたものではないだろうか。

このように、昭和初期の洋館には石材が多く使われており、中でもイタリア産とフランス産大理石は、当時の貴族階級をかなり魅了したようだ。現在でも高級大理石とされるものばかりだから、相当高価だっただろうし、簡単には入手できなかったはずである。そんな大理石に丹精込めて意匠を施した職人がいたことや、要人が集まって会談やパーティーが行われていたことを想像すると、人々の営みを近くに感じられる。石材に人々の歴史や文化が刻み込まれていることにも気付かされて、洋館の石材めぐりは一味違う楽しさがある。

COLUMN

石碑の石　稲井石

ちょっと古そうな石碑を見つけたら観察してみよう。グレーの濃淡の縞が見えたら「稲井石」の可能性が高い。「稲井石」は、宮城県石巻市稲井町で採掘されている砂質頁岩で、「仙台石」、「井内石」と呼ばれることもある。同じく石巻市の「雄勝石」ほど薄く剥がれることなく、厚さ 10 ～ 30cm くらいの厚みで割れてくれるので、昔から石碑として使われてきた。中生代三畳紀の海に堆積した稲井層群伊里前層という約2億4000万年前の地層を切り出したもので、アンモナイトの化石が多数産出している。

03

TOKYO MACHIKADO GEOLOGY

現代における石材の多様化（戦後）

高度経済成長期の石材

大戦直後は、復興最優先で、装飾を施すことは無駄だという考えが広がり、建築に石材が使われることは少なかったと思われる。しかし、高度経済成長に移行した時期（1950〜60年代）には石材が多く使われるようになってきた。このころどんな石材が使われたのか見ていこう。

1957年に開業した地下鉄丸ノ内線の東京駅と銀座駅には、当時の大理石が残っている。丸ノ内線銀座駅の柱や壁に使われているのは、山口県産「聖火」とノルウェー産「ノルウェジャンローズ」。ちなみに、「ノルウェジャンローズ」は、紀伊國屋ビルディング（1964）や、帝国劇場がある国際ビルのロビー柱（1966）にも使われている。丸ノ内線東京駅ホームの柱に使われているのは「ライト（アンゴラ）グリーン」。同年に竣工した有楽町駅前のビックカメラ（旧読売会館）の床は山口県産「霰」、階段腰壁は明治以来のクラシックな国産大理石である茨城県産「水戸寒水」だ。

再開発が進んだ大手町界隈で取り壊されていないのが、1958年竣工の大手町ビル。現在（2020年1月時点）改修中であるが、内部の大理石が残されているのはうれしい。大手町ビル内の柱に使われている赤い大理石はベルギー産「ロイヤルルージュ（ルージュドゥヌービルドゥミフォンス）」で、採石場は違えど、ベルサイユ宮殿に使われているのと同じ地層から採掘されたもの。直角貝の化石が含まれており、化石探しも楽しめる（148ページ写真参照）。パレスサイドビル（1966）内に使われているイタリア産トラバーチン「トラベルチーノロマーノ」は、この時期に建設されたビルでよく見かける。

日比谷の日生劇場（1963）は、外壁が岡山県産「万成石」のビシャン仕上げで、内部の床のイタリア産「アラベスカート」や、大理石のモザイクがすばらしい。有楽町の交通会館（1965）には、外装にフィンランド産「バルモラルレッド」と愛知県豊田市産「藤岡みかげ（挙母）」が、柱にはポルトガル産「リオシュ」が使われている。階段の大理石モザイク壁画も圧巻だ。

この時期に使われている石材も国産とヨーロッパ産の和洋折衷コンビネーションで、1930年代のリバイバルのような印象を受けるが、ヨーロッパ産大理石は、新しい銘柄が多くなり、多様化している。戦後になって調達先が増えたことと、1970年代

紀伊國屋ビルディング地下階段のノルウェー産「ノルウェジャンローズ」

丸ノ内線銀座駅階段柱の山口県産「聖火」

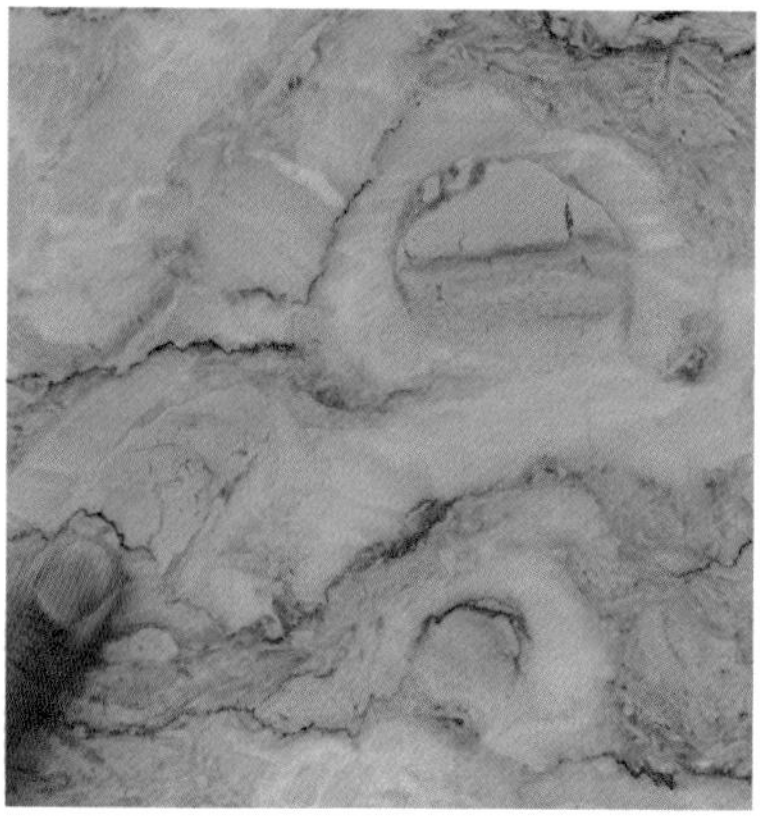

高度経済成長期の石材たち

左上＝大手町ビル内の柱に使われているベルギー産「ロイヤルルージュ」／右上＝パレスサイドビル内の階段に使われているイタリア産トラバーチン「トラベルチーノロマーノ」／左中＝日生劇場の外壁に使われている岡山県産「万成石」／右中＝有楽町の東京交通会館の「藤岡みかげ（挙母）」／左下＝東京交通会館内柱の「リオシュ」。厚歯二枚貝の化石が見える前半までの高度経済成長で急増した石材需要に国産大理石の供給が追いつかなかったためではないかと想像される。

再開発で輸入大理石が多様化（1970～80年代）

1968年に霞が関ビルが建設された後、新たなビッグプロジェクトが始まった。新宿副都心計画である。新宿駅近くにあった淀橋浄水場を東村山市に移転させて、空いた広大な敷地に高層ビル群などを建設する再開発事業であった。京王プラザホテル（1971）を皮切りに、新宿住友ビルディング（1973）、新宿三井ビルディング（1974）などの超高層ビルが次々と建設されたが、外壁には石材が使われなかった。

しかし、内装にはヨーロッパ産大理石が使われていることが多く、広い範囲を同じ大理石でカバーするようになっている。たとえば、京王プラザホテル本館ロビーにはイタリア産大理石「ボテチーノ」と「ロッソアリカンテ」が使われており、1980年に増築した南館ロビーは「ペルリーノロザート」でまとめられている。新宿以外

COLUMN

大理石モザイク壁画

昭和の高度経済成長期に建設されたビルで時折見かけるのが、大理石モザイク壁画である。どこかノスタルジックな雰囲気があり、ビルの壁のアクセントになっている。さまざまな色や形に割った大理石の小片を並べてつくるのだから、根気がいる仕事である。交通会館の階段の壁面全体にわたってあるのは「緑の散歩」。洋画家であり、矢橋大理石商店の社長でもあった矢橋六郎氏の作品である。芸術的価値はもちろんのこと、当時使われていた石材を知る意味で歴史的価値も高いと思われる。

東京交通会館の大理石モザイク「緑の散歩」

でも、ホテルパシフィック東京（１９７１、現シナガワグース）のロビーは、琥珀色の「アンバーオニックス」で埋め尽くされていて圧巻である。

この時期のビルには、もはや国産大理石は見当たらなくなっているが、国産御影石の稲田石は見られる。１９７４年竣工の最高裁判所はまるで稲田石のかたまりのようだし（63ページ写真参照）、１９７８年竣工の池袋サンシャインシティの内装にも稲田石が使われている。外構の敷石には広く使われていたようだから、稲田石はまだ勢いがあったようだ。

１９８０年代になって建設された高層ビルには、内装の輸入大理石に加えて、外壁の低層部にも輸入御影石が使われていることが多い。帝国ホテル・インペリアルタワー（１９８３）では、内装にフィリピン産石灰岩「テレサベージュ」、外壁低層部はインド産の赤い花崗岩「ニューインペリアルレッド」。ヒルトン東京（１９８４）では、内装にフィリピン産「ライトフォンタン」、ホテルの玄関壁と外構にフィンランド産花崗岩「バルチックブラウン」が使われている。ヨーロッパだけでなく世界中から輸入をしていたことがわかる。彩度が高い色調の石材が好まれていたようだ。

ホテルパシフィック東京（現シナガワグース）ロビーの「アンバーオニックス」

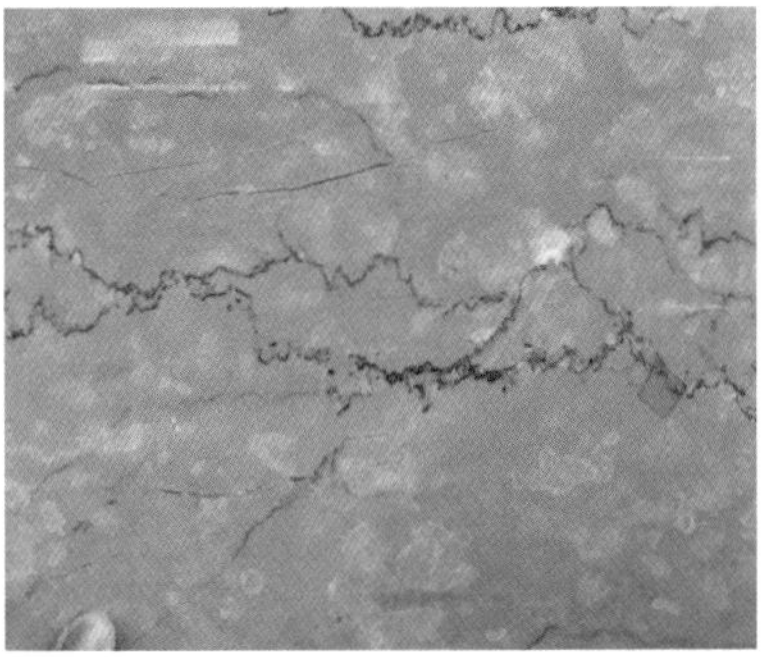

京王プラザホテルの内装に使われている「ボテチーノ」

このように、大規模再開発事業では、広い面積を覆う同じ石材（大理石と御影石）が必要であるうえに工期も短くなって、その分、品質が揃った石材を短期間のうちに大量に調達することが求められるようになったと考えられる。その結果、ブランド力もあるヨーロッパ産大理石に加えて、アフリカ、インド、韓国などから御影石（花崗岩）が輸入されるようになっていったのだろう。その陰で、国産石材が使われることは少なくなっていった。

国内の採石場は小規模で、短期間での大量調達に応えられず、輸入石材との価格競争に太刀打

帝国ホテル本館の外壁には「サンドストーン」が使われている

帝国ホテル・インペリアルタワーの外壁のインド産「ニューインペリアルレッド」

ヒルトン東京玄関横外壁の「バルチックブラウン」

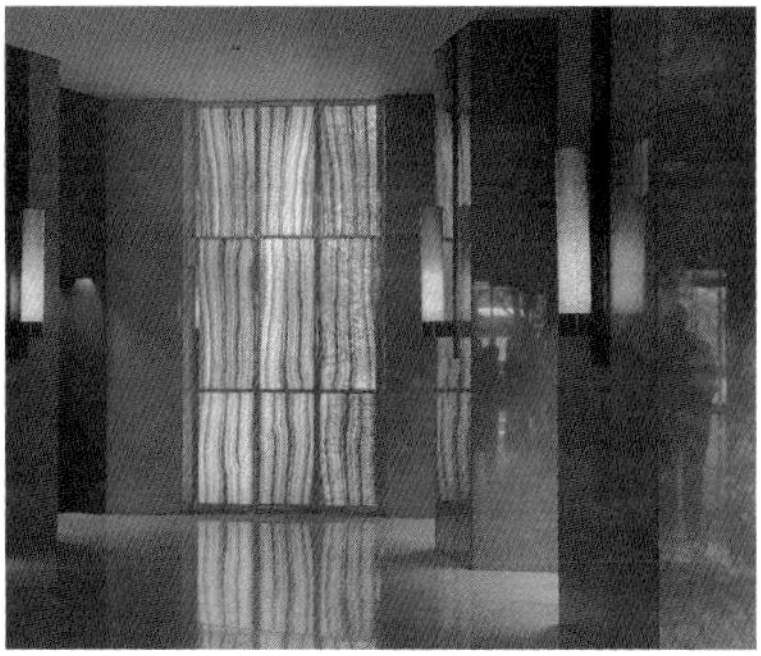

ヒルトン東京のエレベーターロビー壁には「ライトフォンタン」が使われている

ちできなかったのである。

総石貼り超高層ビルの登場（1990～2000年代）

1991年にバブルがはじけて、ビルの壁に使われる石材は減ったのかと思えば、逆に増えているように見える。

まさにそのころに竣工した都庁が転機だったように思われる。なにしろ、総石貼り超高層ビルが登場したのだ。新宿副都心にそびえる東京都庁のうち、最も高い第一本庁舎（高さ243・4m）を見上げると、これだけ広い面積をよくもムラなく石材で覆い尽くしたものだと感心する。しかも、外壁に使われている石材は、スペイン産花崗岩「グリスペルラ」とスウェーデン産花崗岩「スウェディッシュマホガニー」という2種類だけ。たった2種類の御影石と窓ガラスで幾何学的パターンをつくっているうえに、第二庁舎も議事堂も同じ石材で統一しているのだから、それぞれの石材は途方もない量が必要となる。

1993年に竣工した横浜ランドマークタワーも、高さ300

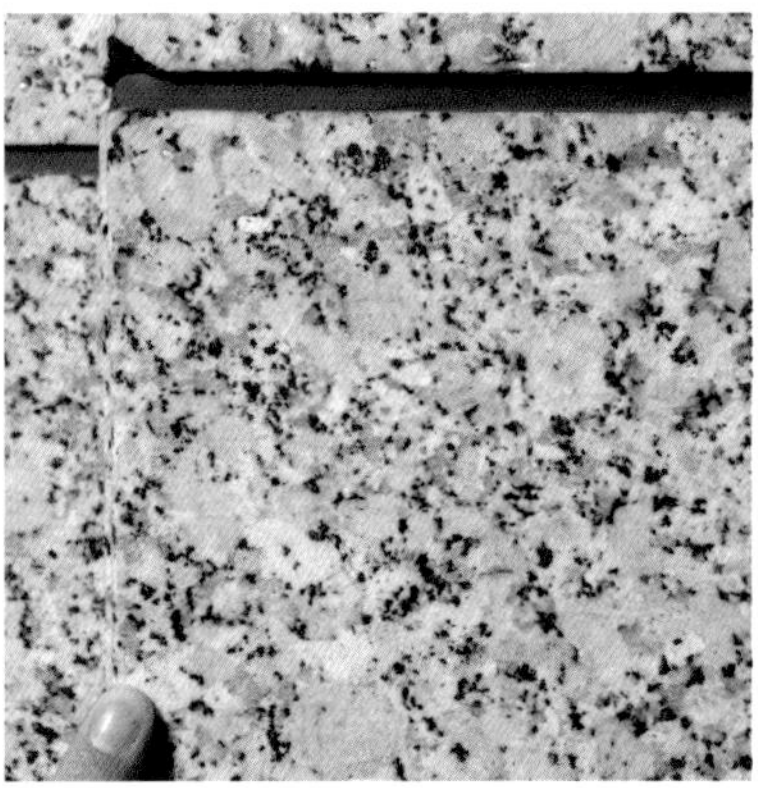

東京都庁のスペイン産「グリスペルラ」

東京都庁 60 階から外壁を見る

m近くもある外壁の下から上までが、ブラジル産花崗岩「オーロガウチョ」に覆われており、まるで巨大な石の塔のような姿に圧倒される。その後にできた新宿パークタワー（1994）はイタリア産花崗岩「ギャンドーネ（リンバラ）」、東京オペラシティ（1996）はイタリア産花崗岩「ルナパール」で覆われており、利用される石材の量は半端ではない。このような総石貼り超高層ビルが建設できたのは、薄くスライスした石材を工場で貼ってから運搬・設置するプレキャスト工法が開発されたおかげと思われるが、理由はそれだけではなさそうだ。

以前は、原石を輸入して国内で切断・加工するのが普通であった。しかし、巨大な超高層ビル全体に石材を貼るとなれば、膨大な量の原石を輸入しなければならず、大規模で効率的な切断・加工工場が必要となった。そのために大規模な石材加工工場が日本にできたのかというと、そういうわけではなく、海外で加工した石材（板材など）を輸入するケースが増えたのである。プラザ合意（1985）以降の急速に進んだ円高の影響によって、海外で加工済み製品を輸入するほうがコストダウンになり、国内で新たな設備投資をするリスクを取る理由はなくなってしまっていたの

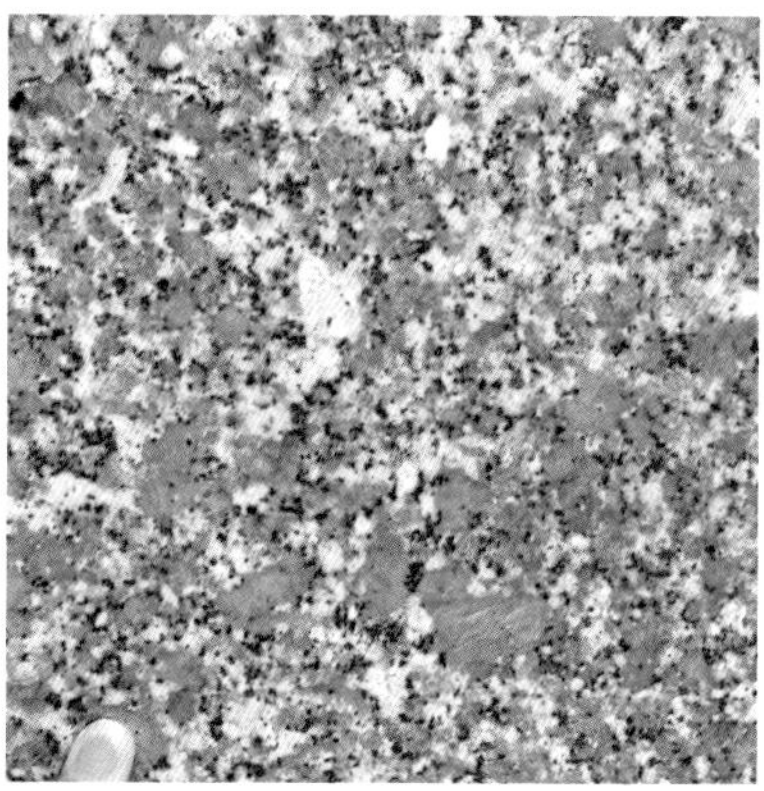

新宿パークタワー外観（左）と外壁に要されている「ギャンドーネ」（右）。新宿パークタワーは1994年4月にオープンした、地下5階、地上52階、高さ235 mの高層複合ビル

東京オペラシティの外壁に使われている「ルナパール」

大理石「ロッソアリカンテ」をふんだんに使った東京オペラシティエレベーターホール

だ。また、機械の自動化が進んで、データをインターネットで送ればば寸法通りに加工できるようになったのだから、国内に大きな加工工場を持つメリットが少なくなってしまった。

このため、石材の加工拠点は、徐々に、最新設備を備えた大規模工場が建設された中国へと移っていった。その結果、2000年代になると、東京に中国産石材が急増した。中国には、国産御影石とそっくりの花崗岩が多い（169ページ参照）ことも、中国産御影石の輸入増加に拍車をかけた要因となっただろう。

都心でも再開発が次々と行われるようになると、新たな石材調達先が求められたのではないだろうか。丸の内では、2002年の丸ビルを皮切りに、高層ビルへの建て替えが進み、それまで見かけなかった石材が増えてきた。従来から使われていたような柄の御影石なら中国産がメインとなりつつ、個性的な色や柄の御影石なら、ヨーロッパ、アフリカ、インド、ブラジル産、内装用の大理石では、アジア産が増えていった。

しかし、国内加工が完全にできなくなったというわけでもなかった。御影石の場合、墓石などの小規模な加工や国産へのこだわりが強いし、大理石の場合、模様合わせへのこだわりが強い。

こうした日本人のこだわりに応えるためには、国内で石材を加工することにメリットがあったらしく、国内にも加工工場が残された。日本人のこだわりのおかげで国内の石材加工技術がかろうじて守られているのかもしれない。

個性派石材の時代（2010年代以降）

2010年ごろから、大手町や有楽町、日本橋地区などの再開発が進み、高層ビル群に変貌していった。オフィスだけでなく、ホテルや商業施設なども増え、週末も賑わうエリアへと変貌し、装飾性を重視した石材が使われるようになった。新しく建設されるビルが競うように個性的な石材を使うようになり、世界中からバラエティに富む石材が集められることになった。カラフルなものよりも、模様が特徴的であったり、落ち着いた色調であったりする石材が多いようだ。

たとえば、東京日本橋タワー（2015）の外壁に使われている御影石は、なかなかインパクトある個性的な柄があって驚かされる。チョコチップ入りのバニラとストロベリーアイスをやわらかくして混ぜたようなぐにゃぐにゃ模様だ。そもそも、内装ではなく外壁に、これほどはっきりとした模様のある石材を広い範囲にわたって貼っていくなんてことは、それまではあまりなかった。似たような模様の御影石は、地下鉄大手町駅の床にも使われており、独特の雰囲気をつくっている。岩石種としては花崗岩ではなく、片麻岩である。

アースカラーと言われる褐色系の石材も好まれているようで、ザ・ペニンシュラ東京（2007）、三井住友銀行本店ビル（2010）、東京ミッドタウン日比谷（2018）などの外壁は、ベージュ〜褐色の御影石であり、

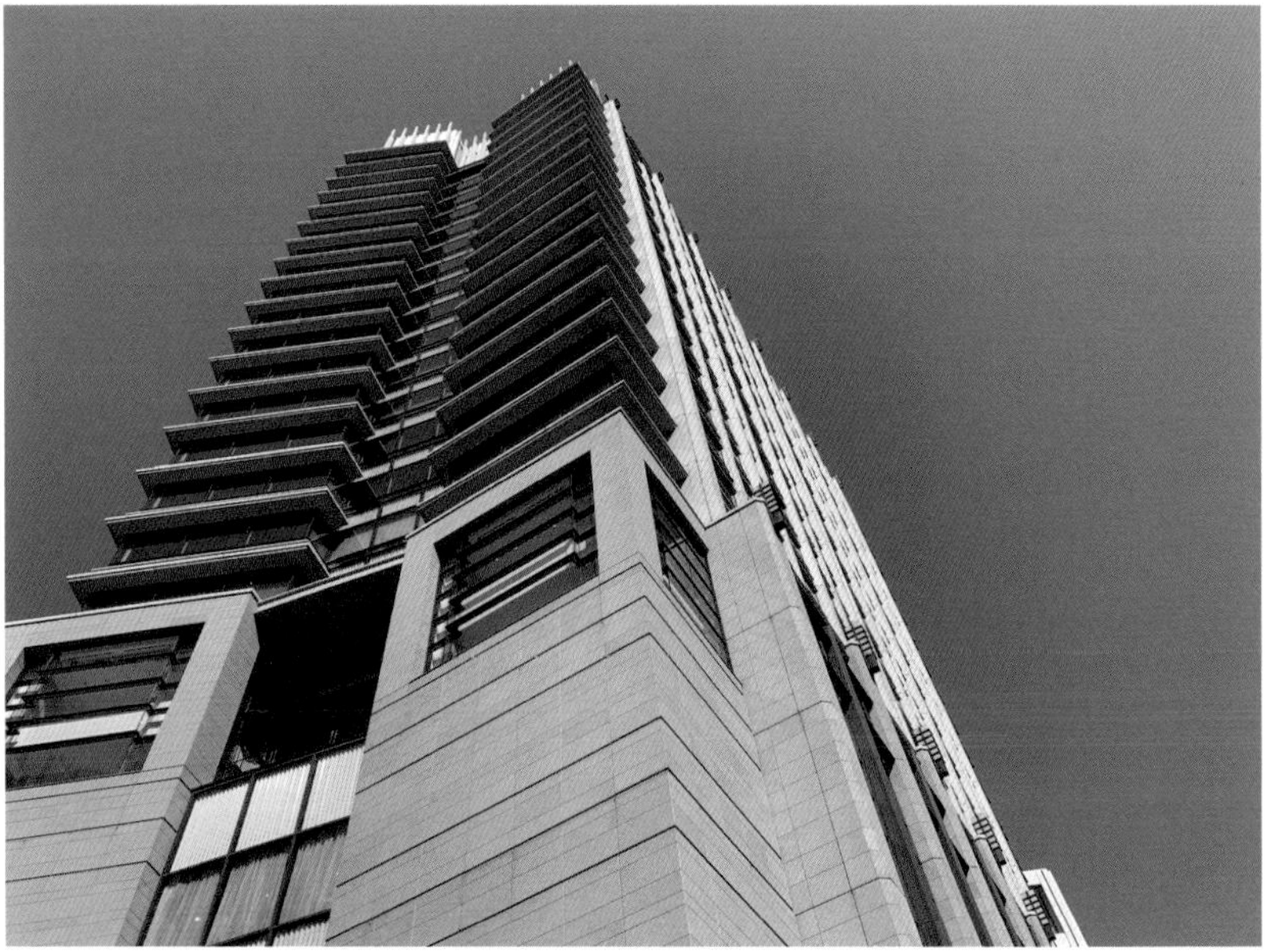

アースカラーの「ナミビアイエロー」を使ったザ・ペニンシュラ東京の外観

ザ・ペニンシュラ東京外壁に使われている「ナミビアイエロー」

ぐにゃぐにゃ模様が印象的な東京日本橋タワー外壁

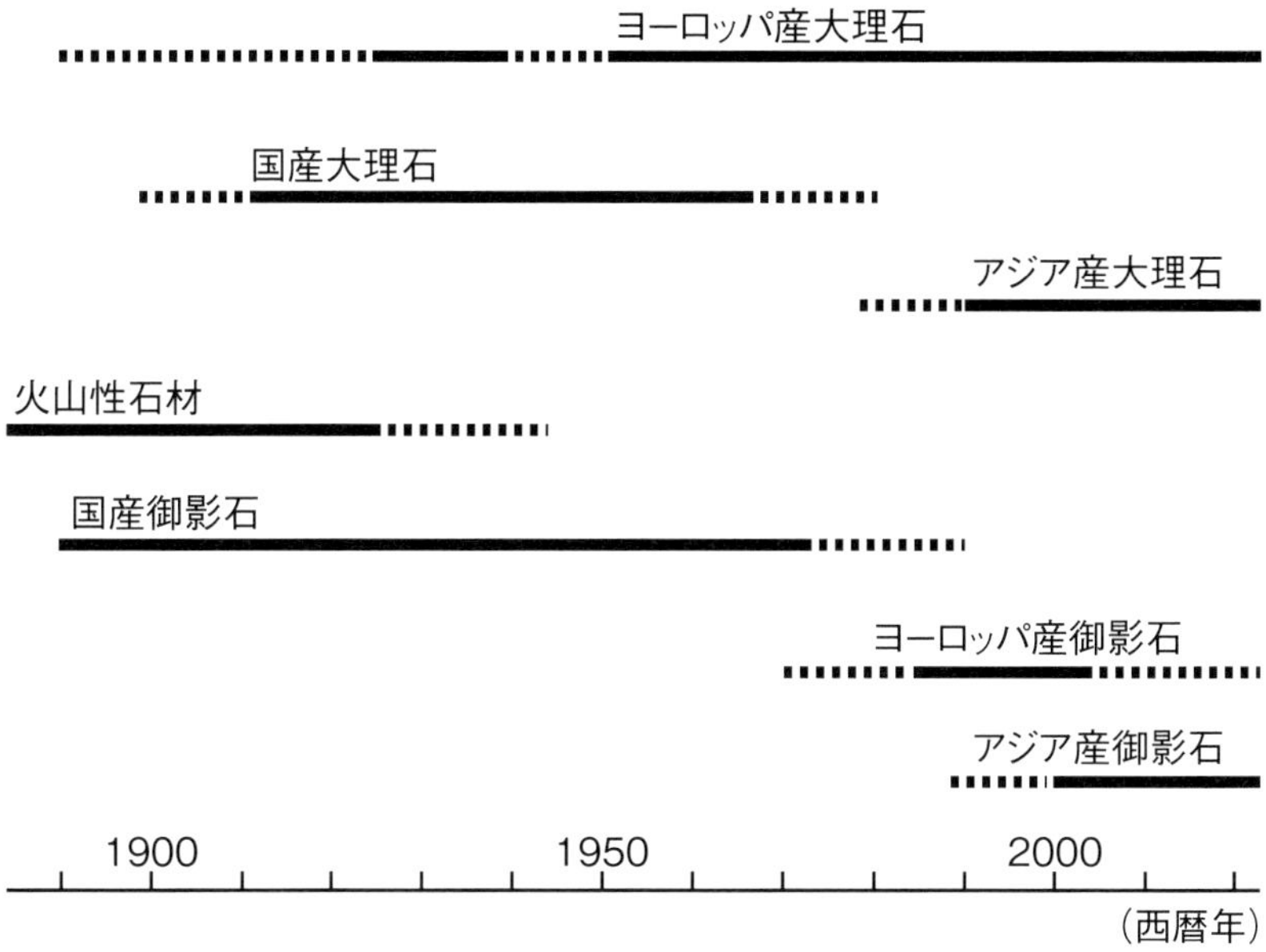

東京における建築および装飾用石材の趨勢

石が本来持っている自然な風合いが好まれるようになっているのかもしれない。

高層ビルでは、軽量化のためガラス貼りが普通になってきているが、エントランスの内装には大理石が使われることが多い。クラシックなヨーロッパ産大理石が使われることもあるが、シックなものが好まれているようで彩度が低い色調のものが多くなっており、個性派は新しく開発されたアジア産の大理石を選んでいるように感じる。おかげで、バラエティに富んだ大理石が見られるようになる一方、街角地質学としては、知っておきたい石材種が増えて困るほどである。

かつての日本を支えていた「大谷石」や「竜山石」などの軟石も、内装のアクセントに使われるようになっている。どこか和風を感じさせるからなのか、大規模に流通している石材との差別化で個性を出そうとしているのか、気をつけて見ると、見かけることが増えた。均質なものを大量調達することが難しい石材だが、店舗の内装の一部として使う程度の量であれば調達も容易だからだと思われる。
今後、東京の街を彩る石材はますます多様化していくのだろう。ガラス貼りのビルであろうと、タイル貼りのビルであろうと、内装に石材が使われることは多い。そこにどんな石材が選ばれるのかは、経済状況や価値観の変化が影響するに違いない。街の中で見かける石材は、日本の経済や文化の歴史を反映しているのである。

COLUMN

石材の厚みもチェック！

石材の厚みをチェックするのも面白い。かつては、10cm 以上もある分厚い石材が使われていたが、戦後、石材は薄くなって、厚さ 3 cm 程度になっている。これは、石材加工技術と工法が進歩したためである。

かつては、石材を薄く切ることは至難の業で、モルタルで接着していく湿式工法が一般的だった。しかし、今では、石材を薄くスライスする技術が確立し、工期短縮とコスト削減のため、金具で石材を固定する乾式工法、そして、あらかじめ石材を貼ってから運搬・設置するプレキャスト工法が普及している。

石材の厚みは、石材の側面が見える角（小口）を見れば良い。小口を均一に見せるための加工が施されて、実際の厚みよりも薄く見えることもあるが、極端に違っていることはないだろう。

分厚い石材が使われていたら、かなりレトロなビルである可能性が高い。貴重な国産石材が残っているかもしれないから、要チェックだ。

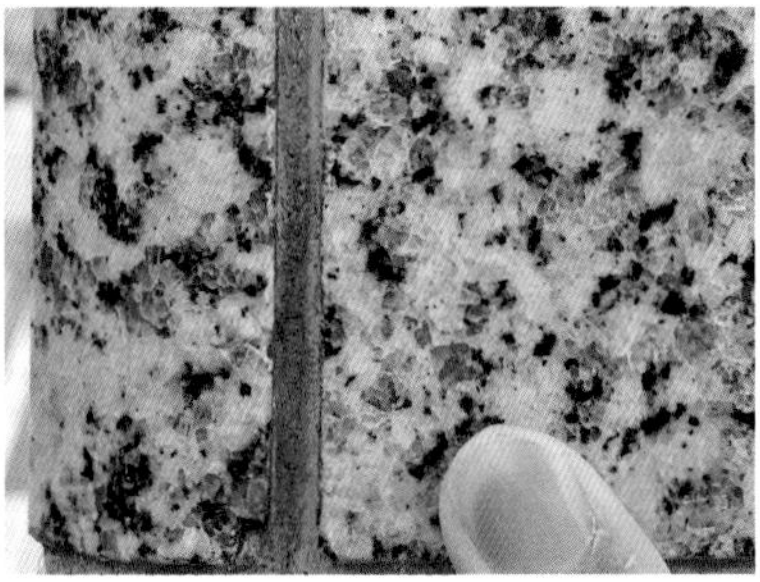

参考文献

小山一郎（1913）安山岩及其他の石材．地質学雑誌 Vol.20, pp.433-450.

大野善雄（1992）品川台場石垣の構造について 土木史研究 Vol.12, pp.395-402.

大八木謙司・内野 正（2014）台場と七厘ー凝灰岩質石材の利用からー．たまのよこやま 95, p.5. 東京都埋蔵文化財センター

山下浩之・笠間友博（2015）神奈川県湯河原町に産する通称〝白丁場石〟の岩石学的特徴．神奈川県立博物館研究報告（自然科学）44, pp.1-10.

丹治雄一（2016）近代洋風建築に使用された石材「白丁場石」の歴史．日本遺跡学会 vol.13, pp.106-112.

金谷ストーンコミュニティ（2014）図録房州石 p.67.

高橋直樹（2015）房州石の地質学的・岩石学的特徴．房州石の歴史を探る第6号

巨智部 忠承（1889）東京建築石材の改良を望む 地学雑誌1, pp.510-516.

武田吉孝（2001）日本経済発展の礎として～建設にまつわるエピソード．都市の記憶～歴史を継承する建物～．三幸エステート株式会社

中村茂樹（2011）昭和期の本店増築と本館改修．日銀 2011 冬 28 号

長秋雄（2014）筑波花こう岩と旧筑波町の歴史・筑波花こう岩と人の営み -．GSJ 地質ニュース vol. 3, pp.183-189.

児島由美子（2006）赤坂離宮の室内装飾の調達・製作実態．日本建築学会計画系論文集 vol.603, pp.183-189.

福島朋子（2016）【迎賓館赤坂離宮②】 とにかく溜息、エリザベス女王も訪れた絢爛豪華な室内を紹介．LIFULL HOME'S PRESS

内閣府迎賓館赤坂離宮ウェブサイト

高橋裕平・宮崎一博・西岡芳晴（2011）筑波山周辺の深成岩と変成岩．地質学雑誌 vol.117 補遺，pp21-31.

乾睦子（2012）国内の花崗岩石材産業のあらましと現状ー「稲田石」を例としてー．国士舘大学理工学部紀要 vol. 5, pp.74-80.

乾睦子・大畑裕美子（2014）公的統計値と業界紙から見る二十世紀後半以降の日本の石材産業．国士舘大学理工学部紀要 vol. 7, pp.173-180.

清水省吾（1913）茨城縣に於ける花崗岩．地学雑誌 vol.25, pp.279-288.

青木嚴（2017）幻の石材「白丁場石」と土屋大次郎．議会だよりまなづる Vol.54.

国土交通省東京国道事務所（2011）日本橋百年の歴史を次の百年へ～補修工事の紹介～

米元晋一（1913）日本橋改築工事報告 工学会誌 vol. 359, pp.61-75.

蟹江俊仁ほか（2008）創成橋と日本橋二つの石橋に見る技術進化の過程と背景．土木史研究論文集 vol. 27, pp.1-12.

馬木知子（2003）明治期における日本橋の修繕・改架にみる「美観」の意味について．都市計画論文集 38, pp.745-750.

渡辺功一（2012）日本橋架橋の変遷．大江戸歴史散歩を楽しむ会
月刊「東京人」（2018）特集「石に恋して」
乾睦子・西本昌司（2020）近代東京の洋館における国産大理石の利用 - 旧岩崎邸・旧古河邸・旧島津邸 -．国士舘大学理工学部紀要 Vol.13,
乾睦子（2016）聖徳記念絵画館に使用された国産建築石材．月刊地球号外 No.66.
藤岡洋保（2001）明治神宮の建築（下）明治聖徳記念学会紀要 vol.33, pp.26-43.
工藤晃ほか（1999）新版議事堂の石．新日本出版社 p.158.
愛 櫻生（1926）議院建築に使用する花崗石の選定に就きて．地学雑誌 vol. 38, pp.391-400.
大熊喜邦（1938）新議事堂建築用石材に就て．日本鑛業會誌 vol. 54, p.220-226.
小山一郎（1928）新議院に採用せし国産大理石．地学雑誌 vol. 40, pp.743-744.
鈴木敏（1919）建築石材の一般を論じ我國所産の構造用及装飾用石材に及ぶ（二）vol.26, pp.291-309.
石田啓佑ほか（2004）徳島県産国会議事堂大理石の研究．徳島大学総合科学部 自然科学研究 第18巻，pp.15-23. 矢橋大理石株式会社
西本昌司（2020）名古屋市庁舎外壁の石材「由良石」について．名古屋市科学館紀要 vol.46.
野村正晴（2016）三越日本橋本店本館の建築計画の変化と収益性～三越日本橋本店本館の増改築の変遷 その1．日本建築学会計画系論文集 vol.81, pp.2297-2307.
野村正晴（2017）三越震災修築工事による三越日本橋本店本館の建築計画の変化．三越日本橋本店本館の増改築の変遷　その2．日本建築学会計画系論文集 vol.82, pp.3227-3237.
東京都庭園美術館（2014）アールデコ建設意匠～朝香宮邸の美と技法．鹿島出版会 p.151.
乾睦子（2013）歴史的建造物に見られる国産建築石材の調査－東京都庭園美術館－ 国士舘大学理工学部紀要 Vol.6, pp.127-133.

CHAPTER

3 地球の営みを感じる石めぐり

石材でたどる大地の歴史

東京の街を彩ってきた石材には、さまざまな“表情”がある。模様や色調のコンビネーションがつくりだす石材の表情は、地球がつくりだした素材である岩石が経験してきたことを、表面に浮かび上がらせたようなものである。石材の多様性は、さまざまな現象を重ねてきた地球の歴史を反映している。

石材の表情を読み解きながら、地球の歴史をたどってみよう。地球の歴史は、新しいほうから順に新生代、中生代、古生代、原生代、太古代、冥王代に分けられている。東京の街で見られる石材からは日本列島が生まれるよりもずっと前、約26億年前の太古代末期までたどっていける。長いタイムスケールで起こったダイナミックな地球の出来事を垣間見ることができれば、石材が地球によってデザインされた壮大な作品に見えてくるだろう。東京での石めぐりは、大きな石材博物館を見学して歩くかのようだ。

01

TOKYO MACHIKADO GEOLOGY

日本列島成立後にできた石

箱根火山の溶岩流

東京で見られる石材の中で、形成年代の新しい岩石は、古い建物に使われている。約20〜14万年前に噴出した箱根火山の溶岩流が固まった火山岩だ。

東京の近代化に貢献した「小松石」は、神奈川県真鶴産の安山岩で、戦前の面影を残している丸の内パークビルディング（2009年竣工）の東側外壁に使われている。同じ場所にあった丸ノ内八重洲ビルヂング（1928年竣工）のファサード部分を保存したもので、赤みと青みのある小松石を積んだ外壁と柱が見られる。

それとは対照的に、白っぽいのが「白丁場石」。神奈川県湯河原産のデイサイトという火山岩で、ゴマ塩模様の花崗岩と並べても違和感がないことから、日本銀行本店本館や神奈川県立歴史博物館では、外壁の下層部は花崗岩なのに、上層部は白丁場石が使われてい

神奈川県真鶴の「本小松石」の採石場の様子

る。

色は違えど、どちらも、鉱物の粒（斑晶《はんしょう》）が、生地（石基《せっき》）に散らばったような斑状組織《はんじょうそしき》をしている。斑晶は、マグマだまりの中でできた結晶で、黒い粒が輝石、白い粒が斜長石。小さいながら、結晶が割れた面で光が反射してキラッと輝くことがある。石基は、噴火したときに急冷した部分で、肉眼では見えないくらい細かい粒が集まっているか、ガラス質になっている。石基の色調はさまざまで、小松石の中にも赤っぽいものから緑っぽいものまで幅があるし、「白丁場石」にも白っぽいものだけでなく灰色っぽいものがある。同じ溶岩流の中でも、流れ出てから固まるまでの環境条件（冷却速度や酸化状態など）が違うからである。岩石の組織や色調は、岩石の形成プロセスを記録している。

丸の内パークビルディングの外壁

丸の内パークビルディング外壁の「小松石」

神奈川県立歴史博物館の「白丁場石」

溶岩流を詳しく調べることで、箱根火山の歴史も解き明かされてきた。約65万年前に、フィリピン海プレート上にある伊豆半島が、大陸側のプレートに衝突したことをきっかけに生まれた箱根火山は、約35万年前には、複数の成層火山の集まった火山になっていた。およそ23〜13万年前、カルデラが形成されるとともに、いくつもの小規模な火山（単成火山の）の噴火が起こるようになった。そのときに流れ出た溶岩が、「小松石」や「白丁場石」である。今なお活発に活動している箱根火山の山腹から少し流れ出た溶岩を切り出した石材なのである。

沖縄がサンゴ礁の海になったころ

東京で見られる国産大理石の中で、岩石の形成年代が最も新しいのは琉球石灰岩であろう。細かい穴が多いからトラバーチンと呼ばれることもあるようだが、前述のようなトラバーチンではなく、形成年代は95〜41万年前（新生代第四紀）、琉球列島に広がったサンゴ礁の成れの果てである。サンゴ礁は、サンゴ、石灰藻《せっかいそう》、貝、有孔虫などの生物の死骸（石灰質の骨や殻）

COLUMN

モヤイ像

渋谷駅の待ち合わせ場所というと、ハチ公像が定番かもしれないが、石に興味がある方なら南口の「モヤイ像」も良いだろう。モヤイ像は1980年に伊豆七島の1つ新島から寄贈されたもので、新島の向山で採掘されている「コーガ石（抗火石）」でつくられている。イースター島の「モアイ」をもじったわけではなく、新島で「モヤイ」とは「協同作業」という意味なのだそうだ。見れば、スポンジのように多孔質で、ガラス質の流紋岩を切り出してきた石材である。噴火年代は、出土遺物や古文書の記録などから西暦886年と考えられている。地質学的にはできたてホヤホヤの溶岩である。渋谷で待ち合わせをするときに、ぜひ観察してみよう。

が長年積み重なってできるのだから、サンゴ礁が隆起してできた琉球石灰岩は、いわば〝化石のかたまり〟なのである。

化石があると聞けば、探したくなる人も多いことだろう。そのような方は、KDDI大手町ビルのロビー内壁や三井住友銀行新宿通支店ビルの外壁を見てみよう。鹿児島県沖永良部島田皆《たみな》産の「田皆石」と呼ばれる琉球石灰岩が使われている。このベージュの石材に浮かんで見えるさまざまな形の斑《まだら》模様は、ぜんぶ化石と言ってほぼ間違いない。しかし、慣れていないと、なにがなんだかわからないと感じてしまうかもしれない。

石材から化石を見つけるには少しコツがいる。地層を掘ったり岩石を割ったりする化石探しと違って、石材では、断面だけで化石かどうかを区別しないといけないし、掘り出してみるわけにもいかない。街中での化石探し

KDDI 大手町ビルロビーの内壁

巻貝と二枚貝の化石

ウニの化石

には、立体の断面が思い浮かべられるよう、空間認知力を高めておくと良い。その点、琉球石灰岩の場合、現在も生きている生物ばかりなので、元の形と断面がリンクしやすいのではないだろうか。特に、普段見慣れている巻貝や二枚貝の切り口は想像しやすく、初心者にオススメである。不定形の石灰藻は、白いかたまりの中にうっすらと縞模様が見える（１４５ページ参照）。出口がないような閉じた殻があったらウニだろう。徐々にわかるようになると、しばらく化石探しをやめられなくなるに違いない。

残念ながら、田皆石はもう採掘されていないから、前述の石材は貴重である。傷つけないように観察してほしい。最近では、沖縄本島産の琉球石灰岩が流通するようになっており、新宿マルイ地下の柱や壁などで使われているが、わかりやすい貝化石は少ない。

琉球石灰岩が化石だらけだとわかると、かつて、生物あふれる豊かなサンゴ礁がずいぶん広がっていたことを想像できる。実は、琉球石灰岩の下には、泥岩の地層（島尻層群）があるので、サンゴ礁ができる前は、泥が積もるような海だったということになる。周辺の地質を含めて考察すると、１００万年前以降になってサンゴ礁に覆われるようになった琉球列島の歴史が刻み込まれていることが読み解けるのである。

１２０万年前の火砕流

池袋駅北改札側の地下通路に「いけふくろう」という石像がある。昭和62年に設置されて以来、待ち合わせ場所として定着しているらしい。この「いけふくろう」像、栃木県那須町芦野《あしの》で採掘されている「芦野石」でできている。

いけふくろう像を前からよく見ると、胸のあたりに、レンズ状の、色が濃くて、やや多孔質な部分がある。もともと軽石だった部分である。軽石が堆積物の重みでぺしゃんこに押し潰され、レンズ状になってしまったようである（ユータキシティック構造）。この岩石は、約120〜140万年前に起きた火山噴火の際に生じた火砕流が、数百度という高温状態のまま堆積してできた溶結凝灰岩である。火山灰や軽石はもともとマグマが急冷してできたガラス片だから、高温下で圧縮されると塑性変形して引き伸ばされるとともに、互いにくっついてしまう。そのため、冷えると、溶岩と変わらないくらい硬い岩石になる。そんな熱い火砕流の中で起こったことが、石の中に記録されているわけである。

栃木県那須町芦野で採掘されている「芦野石」でできた「いけふくろう」

汐留に復元された旧新橋駅舎の外壁には、「芦野石」と似た石材が使われているのだが、こちらは福島県白河市で採掘されている「白河石」。地質学的には、どちらも福島県南部から栃木県北部にかけて分布する白河火砕流と呼ばれる火砕流堆積物で、同じ岩石といって構わないのだが、石材としては産地によって銘柄が変わってしまう。

旧新橋駅舎の外壁には、「白河石」よりも淡い色の石材も使われている。「札幌軟石」という、北海道札幌市産の約4万年前の溶結凝灰岩で、東京ではあまり見かけないが、札幌ではよく見かける石材である。基礎部分は前述した「小松石」で、箱根火山の溶岩流を切り出した神奈川県真鶴産の安山岩である。

このように、旧新橋駅舎は日本の火山活動でできた石材を使っ

汐留に復元された旧新橋停車場の外壁には火山性石材が貼られている

旧新橋停車場外壁の「札幌軟石」

旧新橋停車場外壁の「白河石」

て復元されている。

もともと伊豆下田産の凝灰岩でつくられていたらしいのだが、その産地は国立公園になっており、石の強度も十分ではないので現代の建築には使えなかった。そこで、やむなくこれらの火山性石材を用いたわけだが、東京の近代建築らしい雰囲気を引き出すことに成功している。

日本列島の裂け目を埋めた溶岩

NTT日比谷ビルの玄関は、板状に割れた石材の側面が見えるように積んだ石壁となっている。このような積み方を「小端《こば》積み」といい、グレーを基調にしながらも青～赤に色味が微妙に変わる石材がランダムに置かれ、独特の風合いがある。住宅地の塀などでも使われていることがあるから、どこかで見たことがある石のように感じる人もあるだろう。長野県産の「諏訪鉄平石」という石材で、世田谷公園水広場の石畳のほか、建築物としては横浜のフェリス女学院1号館外壁では、板状に割れた表面が見えるような「乱石貼り」になっている。

NTT日比谷ビルの玄関（左）に使われている長野県産「諏訪鉄平石」の小端積み（右）

「諏訪鉄平石」の露出。板状節理の様子が見てとれる

板状に割られているのは、わざわざ石材を板状に切断したのではなく、もともと板状に割れやすい岩石のため。板状に割れやすいのは、溶岩流が冷却するときに「板状節理《ばんじょうせつり》」という割れ目ができているため。板状節理ができる原因は、流動に伴う剪《せん》断《だん》応力、溶岩流内に生じた圧縮力、体積収縮などが挙げられているが、はっきりわかっていない。

板状節理がある岩石を活用した国産石材としては、「諏訪鉄平石」のほか、「佐久鉄平石」や「丹波鉄平石」などがあり、平らな割れ口を生かして、石畳だけでなく、民家の玄関壁や塀、温泉の浴槽、屋根などに利用されている。

「諏訪鉄平石」は岩石としては複輝石安山岩という火山岩の一種で、少し青味がかったようなグレーの生地に、白と黒の粒が見える。それぞれ、斜長石と輝石の斑晶で、およそ150〜130万年前（新生代第四紀更新世）の火山活動で形成された霧ヶ峰高原の溶岩流である。

このころ火山活動が活発だった諏訪地域は、日本列島の裂け目である「フォッサマグナ」にあたる。フォッサマグナは、ラテン語で「大きな溝」という意味で、約２０００〜１５００万年前にかけて、日本列島がアジア大陸の縁から分かれて折れ曲がったとき、裂け目が広がってできた巨大な溝のような地形である。その地下深部から上昇してきたマグマが活発な火山活動を引き起こし、溝状のフォッサマグナをすっかり埋めてしまった。その後、新しくできた火山から大量の溶岩が流れ出た。その溶岩流の跡であるなだらかな斜面は、霧ヶ峰の美しい景観となり、切り出された溶岩が「諏訪鉄平石」となったのである。

瀬戸内海にあった火山

港区立郷土歴史館の玄関には、彫刻が施された淡いグレーの石材が使われている（93ページ写真参照）。香川県高松市由良《ゆら》山で採掘された「由良石」である。白丁場石と同じくデイサイトという火山岩で、外観もよく似ているが、黒っぽく見える鉱物は、輝石ではなく、黒雲母である。黒雲母は、平板状の結晶であることが多く、細長く見える縦断面だったり、キラッと光る横断面だったりする。

　火山岩が、香川県で採掘されたというのは不思議な感じがしそうだ。なにしろ、香川県には火山はない。つまり、「由良石」は、現在活動中の火山ででき

COLUMN

海外産の“鉄平石”

　ヨーロッパの街並みを模したかのような「丸の内仲通り」（37ページ写真参照）。ブランドショップが軒を連ね、並木と石畳が美しい。この石畳に使われている石材はアルゼンチン産「アルゼンチン・ポルフィード」。板状に剥がれるように割れて、しかも適度なざらつきがあるので、その表面を研磨せずにそのまま敷石として使用される。「諏訪鉄平石」と似ているが、石英の斑晶がある溶結凝灰岩という岩石で、鉄の酸化物のため赤みを帯びていることが多い。また、形成されたのは、およそ2億5000万年前といわれているから、「諏訪鉄平石」よりもずっと古い。

「由良石」が使われている東京大学医学部附属病院管理研究棟玄関

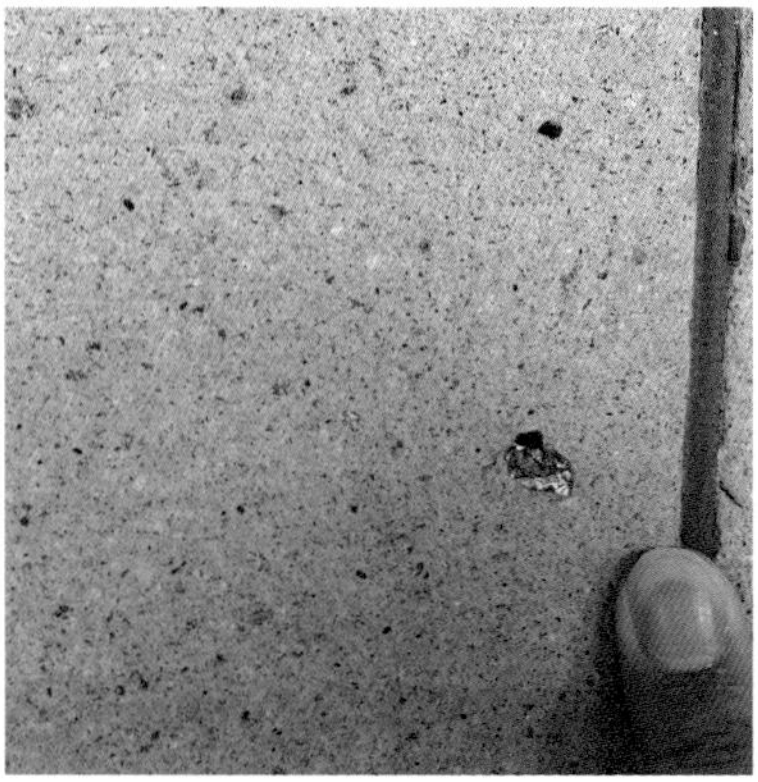

東京大学医学部附属病院管理研究棟の「由良石」。「由良石」中の黒雲母（左）およびガーネット（ざくろ石、右写真左上）と捕獲岩（右写真右中）

た岩石ではない。それでも、火山岩があるというのは、かつての火山活動の名残ということになる。

香川県だけでなく、東は愛知県から西は大分県まで、約1400万年前ごろの火山活動でできた岩石が分布しており、瀬戸内火山岩類と呼ばれている。フィリピン海プレート上の堆積物が沈み込んで融《と》けてできたマグマが、マントル物質と反応してから噴出したと考えられている。ちなみに、叩くといい音がすることから「カンカン石」と呼ばれるサヌカイト（讃岐岩）も、瀬戸内火山岩類のひとつである。

「由良石」は、東京大学医学部附属病院管理研究棟の玄関にも使われており、マグマの中に取り込まれた異質岩片（捕獲岩）が多く見られる。それは、地下深部にあった岩石であり、地殻下部がどのような岩石でできているのかを探る手がかりを地表に運んでくれている。いわば〝地下からの手紙〟なのである。

日本列島誕生の立役者

東京の住宅地にある坂道を歩いていると、時折、石垣や石塀で見かける「大谷石」。栃木県宇都宮市大谷地区で採掘されており、その採掘跡が観光地になっているからご存知の方も多いと思う。もともと黄色や緑が混ざった岩石なのだが、風雨にさらされていると苔や汚れで、なかなか観察しにくい。都内で観察するなら、築地本願寺の石塀が良いだろう。帝国ホテルのロビーには、かつての建物の「大谷石」による壁面彫刻が復元されていて、かつてそこにあったであろう優雅な雰囲気を彷彿させる。そのほか、横浜の山手聖公会教会や、本家本元である宇都宮市の松が峰教会といった建築に使われており、東京の石めぐりをするなら押さえておきたい石材である（78ページ参照）。

「大谷石」が使われている横浜の山手聖公会教会

「大谷石」採石場跡

「大谷石」のクローズアップ

「大谷石」の特徴は、〝ミソ〟と呼ばれる褐色や緑色の軽石がたくさん含まれていて、火山灰や軽石などの火山噴出物が固まった凝灰岩であることを実感しやすい。〝ミソ〟は抜けやすいので、その跡が大きな穴になっていることも多い。そもそも、穴だらけの軽石が潰れることなく残っているのだから、穴が潰されるほどの地圧はかかっていないことがわかる。多孔質であることが断熱性や耐火性を高めているのである。

「大谷石」は、約１５００～１４００万年前（新生代新第三紀中新世）に火山噴出物が海底に積もってできた岩石である。緑色を帯びていることが多いことから「グリーンタフ（緑色凝灰岩）」と呼ばれる。いわば、日本列島ができるときの海底火山活動の産物で、ユーラシア大陸の縁が裂けて日本海が広がっていくころ、海底で火山活動が活発だったことを示している。

グリーンタフは、加工しやすいものが多いので、古くから各地で採掘され、石材として使われてきた。東京に入ってきているものには、「大谷石」のほかに、「伊豆若草石」、「日華石」、「十和田石」などがあり、近代建築物の壁や石垣、店の内装などの一部に使われている。これらの石材は、海底に降り積もった火山灰などが長い年月を経て凝灰岩となったもので、日本列島を大陸から裂いた激しい火山活動の跡であり、いわば〝日本列島誕生の立役者〟と言って良いだろう。

02

TOKYO MACHIKADO GEOLOGY

化石でたどるテチス海の生物

テチス海だったアルプス・ヒマラヤ造山帯

大理石の名産地として思い浮かぶのは、イタリアとギリシャであろうか。ほかにも、スペイン、クロアチア、トルコ、イラン、パキスタン、そして中国・……と、なんだか一列に並んでいる。どういうことだろう。

地球表面はいくつかのプレートに分かれていて、それぞれが移動しているということを聞いたことがあると思う。ユーラシア大陸にアフリカプレートがぶつかってアルプス山脈が、インドがぶつかってヒマラヤ山脈ができた。大陸の間にはもともと海があったわけで、「テチス海」と呼ばれている。テチス海は、プレートの動きによって狭められ、ついには海底が盛り上がって大山脈になってしまった。今なお、大陸同士の衝突・合体による地殻変動は続いており、「アルプス・ヒマラヤ造山帯」と呼ばれている。テチス海は、ほぼ陸化してしまったが、地中海やカスピ海などとして、まだ少し取り残されている。

インド洋からヨーロッパまで続くテチス海があったのは、およそ2億〜3000万年前（中生代ジュラ紀〜新生代古第三紀）。ちょうど温暖な時代だったうえに、赤道域に位置していたので、海の生物にとっては好都合な環境だった。沿岸には生物礁（サンゴ礁）が広がり、沖合には石灰質の殻を持つプランクトン（有孔虫や円石藻）

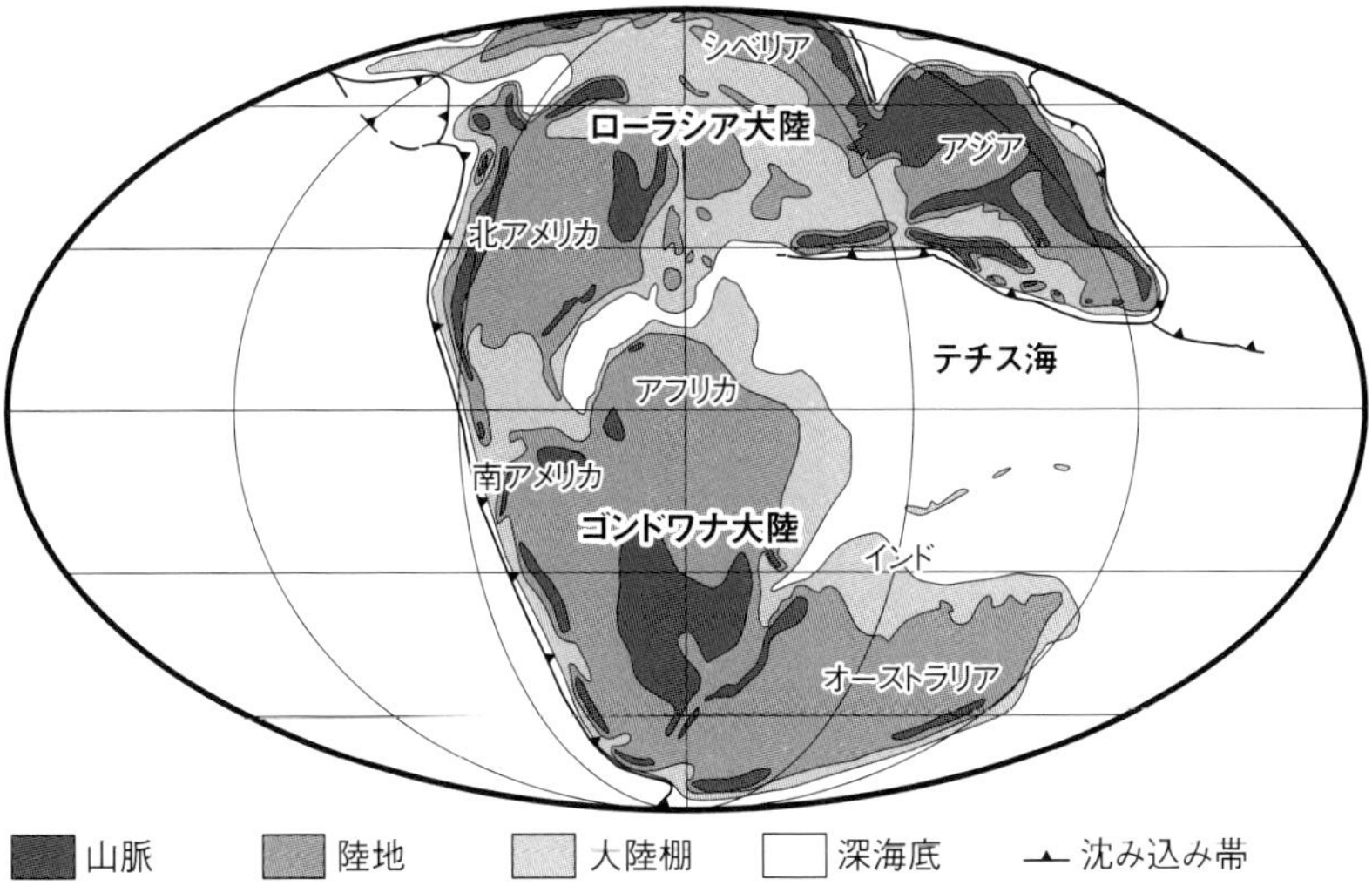

中生代ジュラ紀の大陸分布（Britannicaなどの図を参考に作成）

が繁栄していた。おかげで、テチス海の底には石灰分が蓄積し、大量の石灰岩がつくられ、人々が大理石という石材として利用しているわけである。

東京で見られる大理石の大半はテチス海でできた石灰岩であるから、そこに棲息していた生物の痕跡が残っているはず。失われた海の豊かな生態系や多様な環境を想像しながら、街を歩いてみよう。

5000万年前の単細胞生物の殻「貨幣石」

国立科学博物館日本館の階段手摺や松坂屋上野店の階段やエレベーター横などには、ベージュの大理石が使われている。「キャンポペルラ（キャンポペルラート）」という銘柄で、イタリア北部のキャンポという地域から採掘されている石灰岩である。よく観察すると、フットボール〜円型のものが入っていることに気付くだろう。目を凝らしてみれば、うっすらと渦巻き模様が見えて、アンモナイトのような多数の小部屋に分かれた構造になっているのが見えるだろうか。これは、貨幣（コイン）の形をした有孔虫（原生動物の一種）「貨幣石（ヌムリテス）」の化石である。

貨幣石は、エジプト・ピラミッドの石にも含まれており、エジプトから中東にかけて、貨幣石を含む石灰岩が分布している。エジプト産の石灰岩なら貨幣石をたよりに街の中で見つけられる。たとえば、東京駅丸の内南口のエレベーターホールの壁に使われているベージュ色の大理石は、エジプト産の「サニーベージュ」で、貨幣石が含まれている。

有孔虫は、古生代から現在まで、さまざまな種が誕生しては絶滅してきた。現在生きている有孔虫としては、星砂（「星の砂」）が有名で、その殻が、波などで砂浜にうちあげられたものである。石灰岩によく含まれているフズリナも、古生代に繁栄した有孔虫の一種である。このように、有孔虫にはいろいろな種類があって、時代ごとに繁栄した種類が違う。そこで、地層の年代を知る手がかりにされる（示準化石）。貨幣石が繁栄していたのは新生代古第三紀の始新世から漸新世（約5600～2300万年前）に限られている。

貨幣石は有孔虫の中で例外的に大きく、直径1～数cmあるのが普

国立科学博物館階段手摺の貨幣石の化石

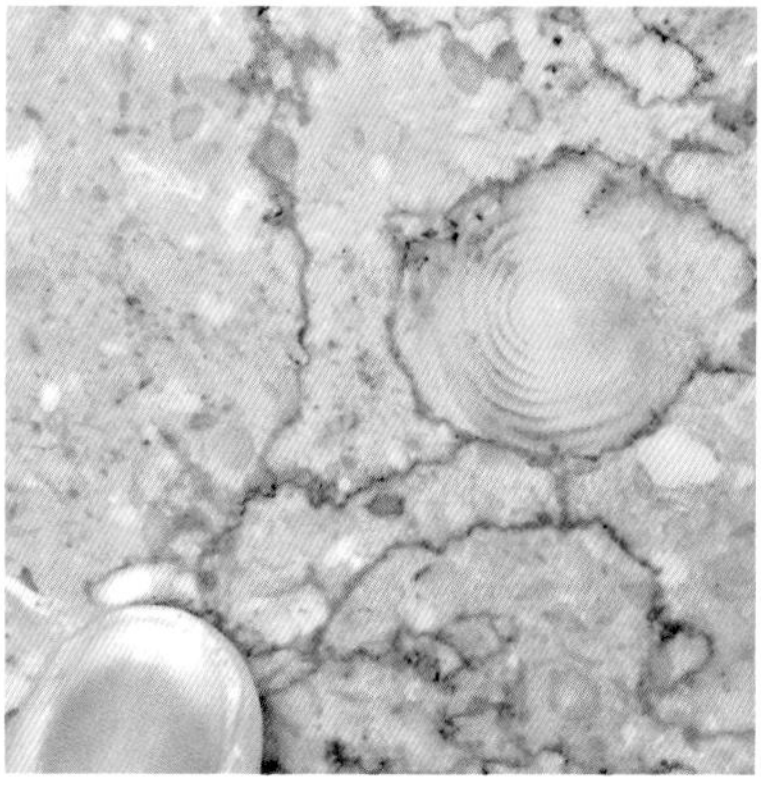

松坂屋上野店エレベーター横の貨幣石の化石

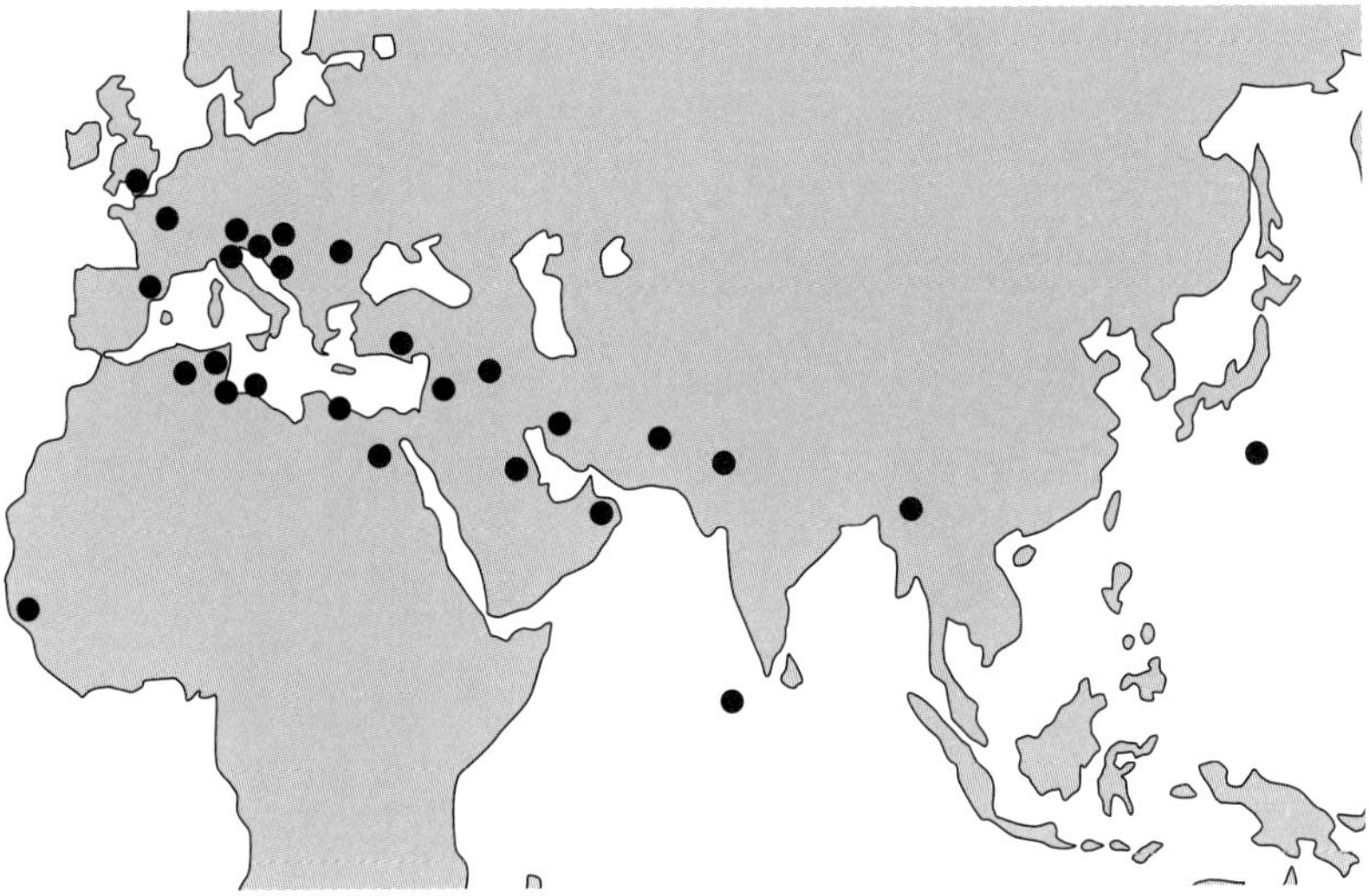

貨幣石の分布図（Jorry et al.,（2006）をもとに作成）

通で、中には直径10㎝にも達するものがある。それが原生動物、つまりアメーバのような単細胞動物なのだから驚いてしまうが、ビッグサイズのおかげで、石材の中でも見つけやすい化石となっている。

貨幣石を含む石灰岩が中東からイタリアまで広く分布しているということは、その時代に貨幣石が棲息するような海が続いていたということである。現在のインド洋から、砂漠になっている中東を経て、ヨーロッパに至るまで続く豊かなテチス海は、約4000万年前にはまだあったようだ。その証拠が貨幣石を含む石灰岩なのだ。

1億年前の厚歯二枚貝礁

有楽町の東京交通会館ロビーの柱や新宿三井ビルの床には、ポルトガルのエストレモスという町の周辺で採取されている「リオシュ」というベージュの大理石が使われている。白い斑模様に見えるのは、すべて「厚歯《あつば》二枚貝」の殻の破片である。

「厚歯」というくらいだから、分厚い殻を持った二枚貝だということは想像できそうだが、その形はというと、現在棲息している二枚貝とは似ても似つかない。蓋つきビールジョッキのような形であったり、管楽器のように複雑なパイプ状の形だったり、まったくもって奇天烈な形をしていた。断面の形としてU字型やV字型に見える大きな殻の破片の隙間には、細かい破片がたくさんある。つまり、厚歯二枚貝の貝殻が積み重なってできた石灰岩であり、近くに厚歯二枚貝が密集した「礁（リーフ）」があったことが想像できる。

礁というと、サンゴがメインの〝サンゴ礁〟を連想するのが普通だろうが、サンゴ以外の生物がメインとなっていることもある。特に、中生代白亜紀後期（1億〜6600万年前）には、厚歯二枚貝が大繁栄し、サンゴを駆逐する勢いだった。その痕跡が、この石灰岩である。およそ1億年前のテチス海には、厚歯二枚貝の礁が広がっていたようだ。

厚歯二枚貝の化石（スミソニアン自然史博物館展示標本）

厚歯二枚貝を含む大理石としては、イタリア・プーリア州産の「ペルラートズベボ」があり、東京駅在来線ホームや東北新幹線階段、恵比寿ガーデンプレイスタワー棟などに使われている。また、品川インターシティに使われているグレーの「アウリジーナフィオリータ」や、新宿アイランドタワーの黒い大理石「ネロマルキーナ」にも厚歯二枚貝が見られる。

見慣れてくると厚歯二枚貝はよく見つかる化石である。割れた分厚い貝殻が集まっていたらおよそ1億年前のテチス海に大繁栄した厚歯二枚貝の礁の跡である可能性が高い。

二枚貝のようで二枚貝でない腕足動物

新宿高島屋や品川インターシティの内壁には、ほのかにベージュの大理石「モカクリーム」が使われている。ポルトガル中部サンタレン地方にある約1億7000万年前（中生代ジュラ紀中期）の地層を切り出した石灰岩で、よく見ると細かい砂粒が集まっているのがわかる。その中に、異物のようなものが入っているのだが、それはたいてい貝殻やウミユリの破片であることが多い。

二枚貝のようで二枚貝でない化石も、石材中でよく見つかる化石である。湾曲した殻の断面を見つけたらアサ

有楽町の東京交通会館内の壁で見つけた厚歯二枚貝の化石

東京駅東北新幹線階段に使われている「ペルラートズベボ」は厚歯二枚貝の破片が集まっている

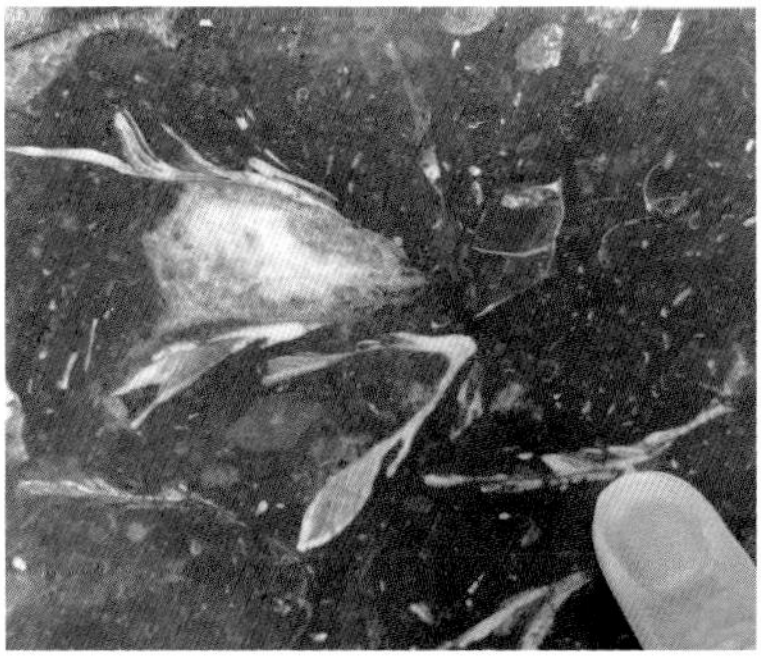

品川インターシティに使われている「ネロマルキーナ」にも厚歯二枚貝の化石が見つかる

リのような二枚貝だろうと思いがちなのだが、そうとは限らない。腕足動物（腕足類）であることも多いのだ。

腕足動物は、古生代から中生代にかけて大繁栄し、その多くは海底に固着して生活していたと考えられている。現生の腕足動物に「コカメガイ」という貝らしき名前がつけられているものがあるが、貝の仲間ではない。

二枚の殻を持っているので、外見は二枚貝そっくりだが、殻の中身（軟体部）はまったく違う。見分けるポイントは、殻の対称性。二枚貝の場合、2つの殻は、鏡に映した状態、つまり、面対称となっている。それに対して、腕足動物の二枚の殻は、殻ごとに面対称の形だ。この違いは、殻が体の左右にあるか前後にあるかという体の向きの違いだと言うこともできる。二枚貝の2つの殻は体の脇で、腕足動物の2つの殻は背中と腹だと言ったほうがわかりやすいだろうか。

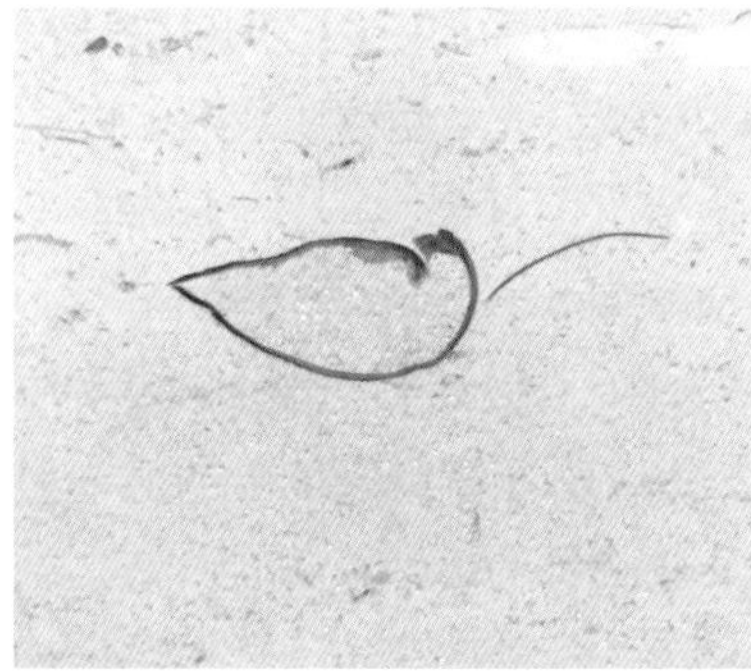
断面が見えている腕足動物の化石の縦断面（化石の横約 2cm）

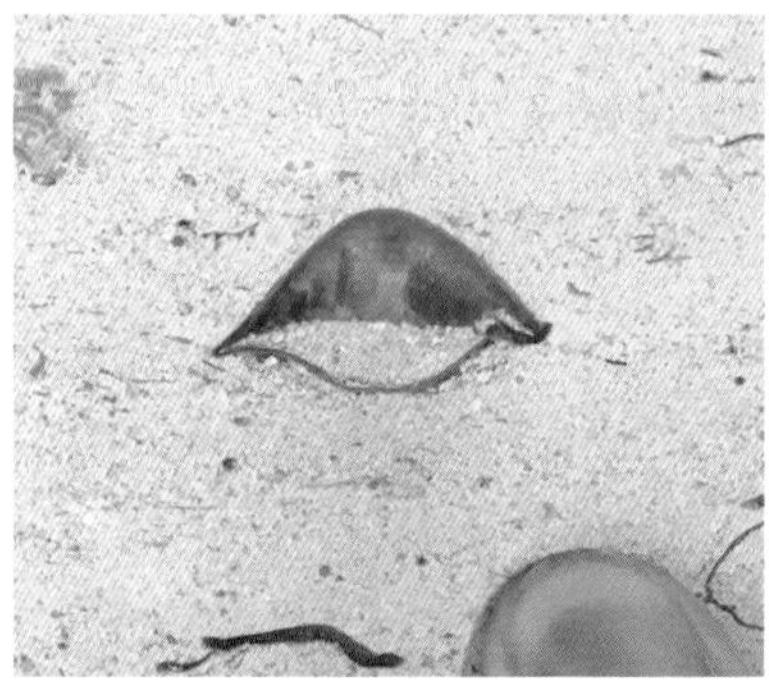
断面が見えている腕足動物の化石の横断面

現生の腕足動物コカメガイ（名古屋大学博物館標本）

石材中の化石では、断面の形だけで判断しなければならないので、バラバラになっている殻だと区別は難しい。二枚ペアになっている殻を探そう。二枚貝は死ぬと二枚の殻が開いてバラバラになりやすいが、腕足動物の殻はペアのままであることが多いようで、二枚貝よりも見つけやすい。

ウミユリの破片

大崎ゲートタワー外壁や六本木ヒルズ・ウェストウォーク陸橋床の石材には、タケノコを切ったような形や、穴の空いた円や楕円形など、妙な形の模様が見られる。それらはぜんぶウミユリの化石である。まわりには砂粒が埋め尽くしているから、サンゴ礁というよりは、その近くにある砂地の海底だったのだろう。石材としては、フランス産の「マッサンジ」という銘柄で、約1億7000万年前（中生代ジュラ紀バソニアン）のブルゴーニュ（バーガンディ）石灰岩を切り出してきたものである。

ウミユリは、海底でユリのような姿をしていて、まるで植物のように見えるのだが、れっきとした動物であり、ウニやヒトデと同じ棘皮動物に分類される。花びらのように見える部分（冠部）を広げ、流れてくる小さな有機物を濾《こ》して食べて暮らしている。

死ぬとバラバラになりやすいため、完全な姿のままで化石になっ

六本木ヒルズ・ウェストウォークの陸橋床で見つけたウミユリの化石

ていることはめったになく、体の一部だけが化石になっていることがほとんどである。まわりにある砂粒も、細かく砕けたウミユリであったり、サンゴなどの破片が波で削られたものであったりすることが多い。

その破片も、茎の部分（支持体）であることが多く、その中心に神経などが通る穴がある。このため、横断面は五円玉のような形に見えることが多い。しかし、中には五角形となって梅の花のような形になる種類もあって、小田急百貨店10階奥のエレベーター前に使われているスペイン産大理石「ローザジロナ」の中で、5㎜程度の小さな梅の花のようなゴカクウミユリを見つけることができる。

実は、ウミユリはテチス海でできた石灰岩に含まれていることが多く、小さなウミユリであれば、よく見かける化石である。しかし、バラバラに砕けていることが多いことや、白っぽい石の中にある白っぽい化石であるため、気付きにくいだけである。東京駅丸の内南口床、東京ビルトキア地下壁、新宿髙島屋の壁などでも、よく見るとウミユリの破片が見つかる。石材の中に、斑模様を見つけたら、近づいて見てみよう。五円玉のような穴が空いた円形のウミユリが入っているかもしれない。

ジュラ紀のサンゴ礁

東京駅丸の内南口の地下からKITTEのあるJPタワーに行く途中にある広い空間に、ベージュの大理石の壁がある。トルコ北西部ビレジクで採掘されている「クレマ・ヌォーバ」という銘柄の大理石で、ジュラ紀終わり〜白亜紀初期（約1・5億年前）の石灰岩である。

壁に近づいて観察してみると、わずかな濃淡によっていろいろな模様が見える。ハチの巣のような模様や、花のような模様、年輪のような筋の入った模様であれば、サンゴの化石だろう。それもサンゴが群体となった造礁サンゴである。沖縄などの南の島の海岸に転がっているサンゴのかけらを見たことのある人なら、すぐにわかると思う。

造礁サンゴは、石灰質（炭酸カルシウム）の骨格がテーブル状、枝状など、さまざまな形になるから、断面に浮かび上がる模様もさまざまである。ウミユリや巻貝などの化石も多く、くっきりとは見えないのだが、探すことを楽しむのには良いのではないだろうか。目が慣れてくると、サンゴ以外にもたくさんの生物がいることに気付くはずだ。ウミユリ、貝（28ページ参照）、腕足動物、ウニ、石灰藻、有孔虫などの化石がたくさん含まれている。断面を見るだけでは判別できないような破片が多いが、観察してみると、化石だらけであることだけは実感できるだろう。

この壁は、厚歯二枚貝（131ページ参照）が勢力を強める直前のサンゴ礁だったようだ。サンゴ礁が地下に埋もれて岩石に変わり、東京の街を飾っていると思うと感慨深い。石灰質の骨格を持つ生物がたくさん棲みつき、長い年月をかけて石灰分を蓄積していった。

東京駅の反対側、八重洲側の地下街の壁にも、似たような大理石

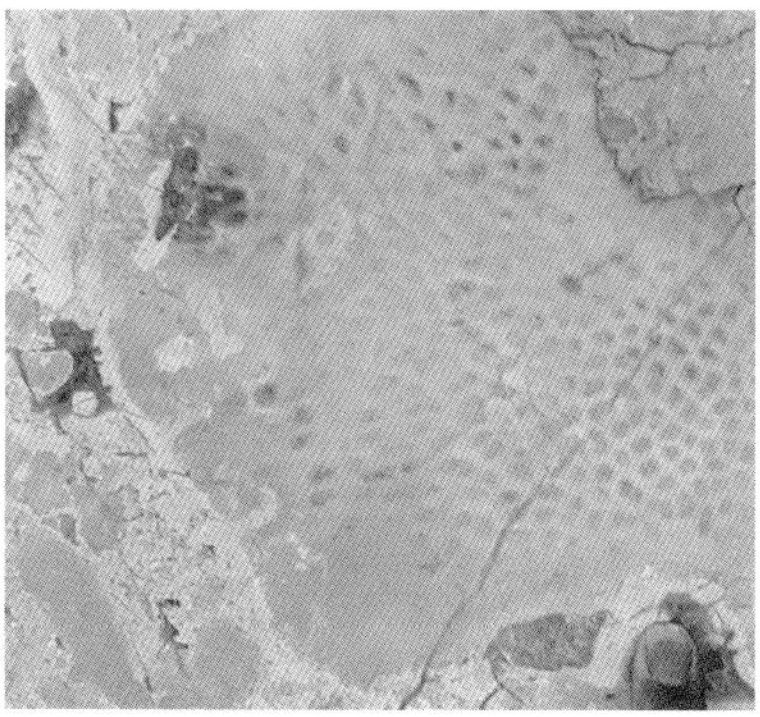

KITTE 地下入口前の広場で見つけたサンゴの化石

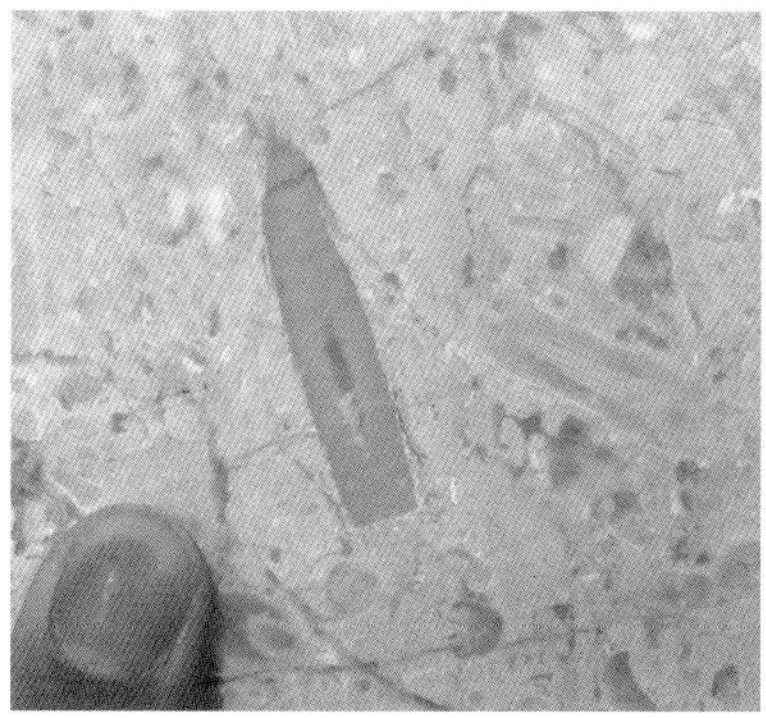

東京駅と JP タワーを結ぶ地下の空間で見つけたウミユリの化石

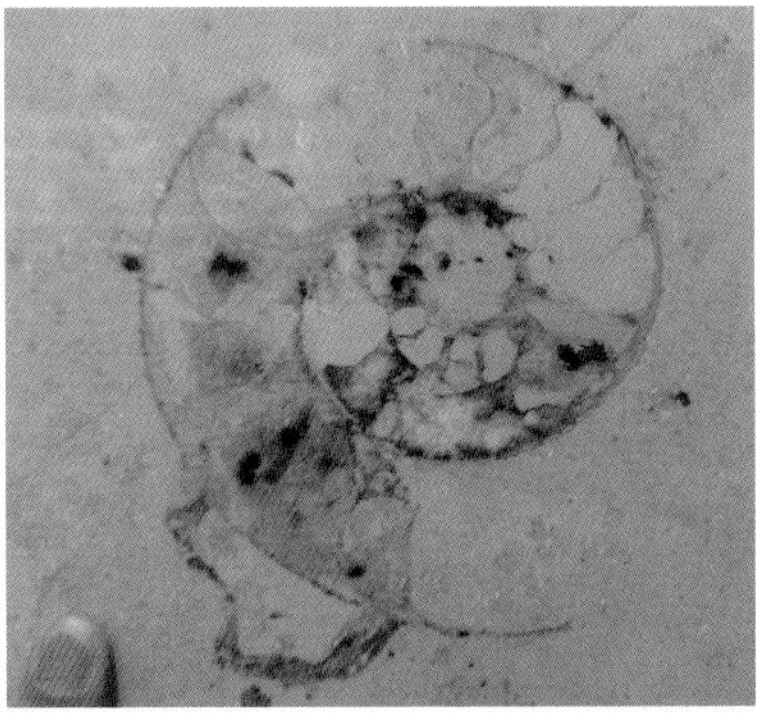

丸の内ビルディング地下のアンモナイト

丸の内オアゾ地下のアンモナイト

が使われているのだが、こちらは「テレサベージュ」という銘柄で、フィリピン産のビナンゴナン石灰岩。これもサンゴ礁の海の跡だが、形成年代は新生代新第三紀漸新世後期〜中新世初め（約2800〜2200万年前）でずいぶん新しい。化石の違いを徹底的に調べると面白いかもしれない。

アンモナイトが泳いだ海

街の中で石材観察というと、化石探しを連想する人も多いようだ。実際、宝探し感覚で楽しめて、石材をじっくり観察するきっかけになるのだから、初心者にオススメの楽しみ方である。化石の中でも、渦巻き模様のアンモナイトは特に人気があり、街の中で見つけるとなんだかうれしくなってしまう。

アンモナイトを見つけやすいのは「ジュラマーブル」（代表的なものが黄色っぽい「ジュライエロー」）と呼ばれる石材。「ジュラ」とは映画「ジュラシック・パーク」でもお馴染みの地質時代のひとつ「中生代ジュラ紀」のことで、約1億5000万年前の暖かく浅い海の底にたまったドイツの地層（Treuchtlingen 層）を切り出してきた石灰

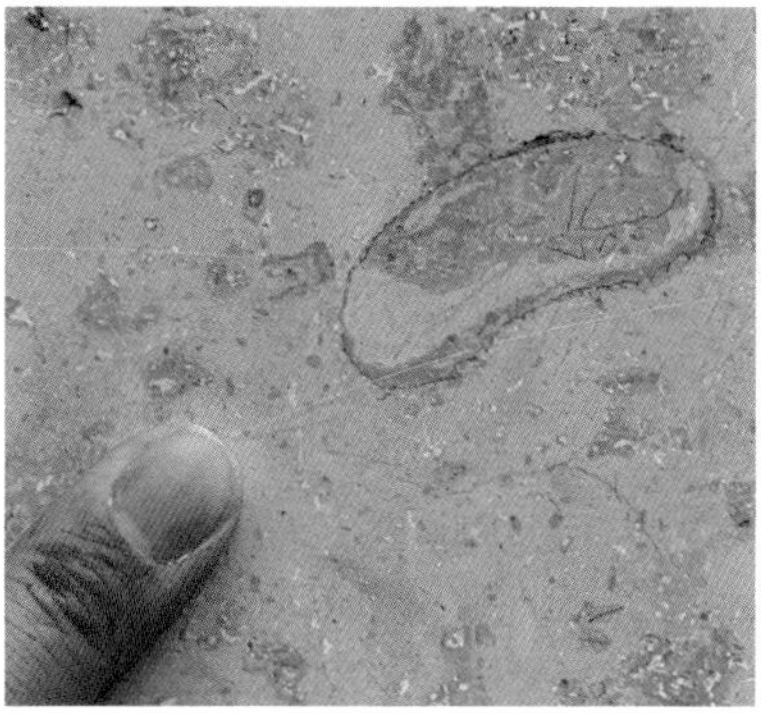

アンモナイトの端のななめ断面

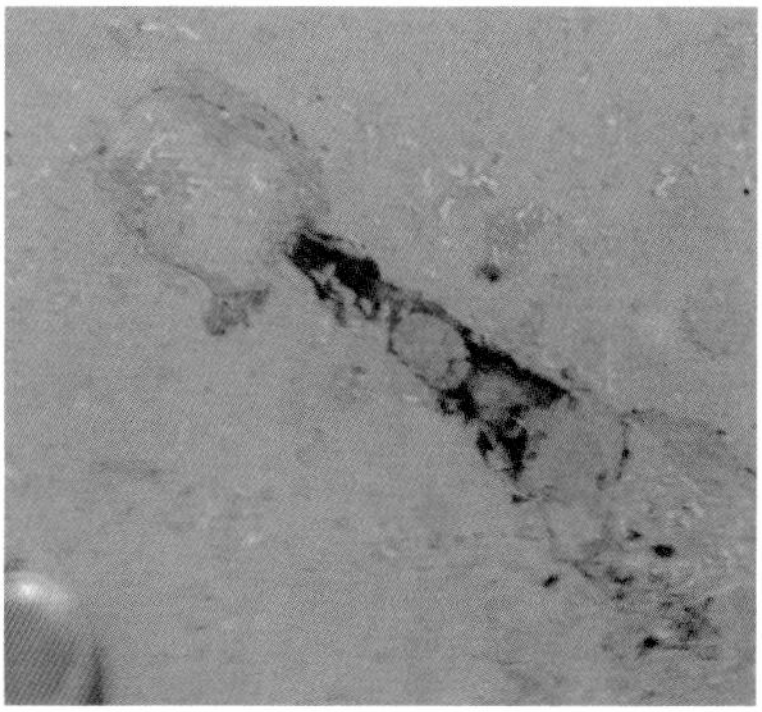

アンモナイトの縦断面

岩である。いわば、アンモナイトが泳いだ海の跡だということになる。

この石材は、丸の内オアゾ地下、丸の内ビルディング地下、地下鉄三越前駅改札付近、赤坂サカス外壁、東京ミッドタウン地下、小田急百貨店10階など、誰もが歩ける場所に使われているので観察しやすい。まずは、渦巻き模様のアンモナイトを探してみよう。慣れてきたら、渦巻き模様ではない切り口のアンモナイトを探してみよう。

石材を切断する前は、どんな化石がどのような方向に入っているかわからないのだから、アンモナイトを横方向にちょうど真ん中で切断するなんて、めったにないということだ。むしろ、ななめに切られていたり、端っこが少しだけ切られていたりすることのほうが多いはず。そんなアンモナイトの断面を見つけるには、外形だけでなく、殻の内部構造も知っておく必要がある。でなければ、どんな切り口になるのか想像しようもない。

アンモナイトは、巻貝ではなく、イカやタコの仲間（頭足類）であり、殻の内部には隔壁がいくつもあるなど、案外複雑な形状となっている。それがさまざまな方向で切断されたとき、どんな断面に見えるかを想像しながら探してみよう。

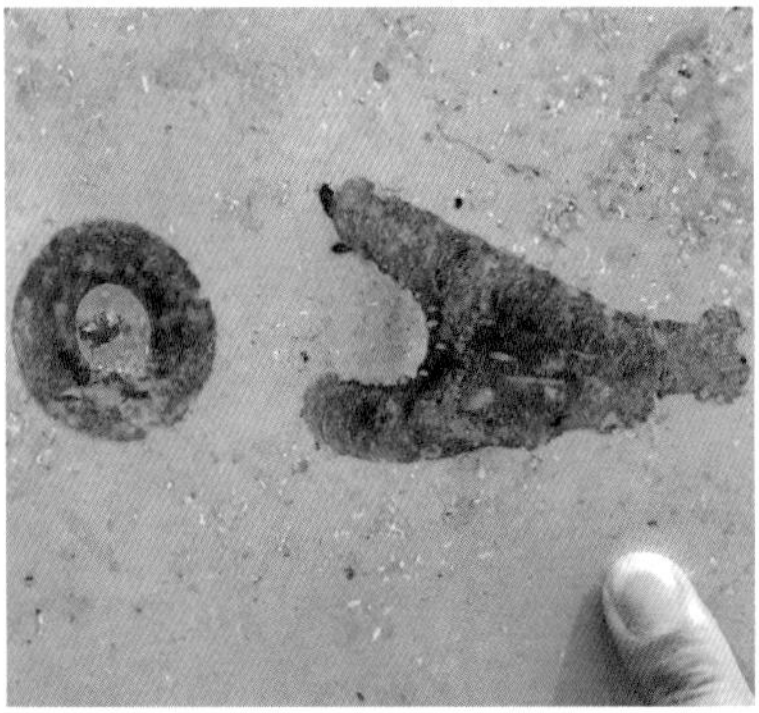

丸の内ビルディング地下入口の海綿化石

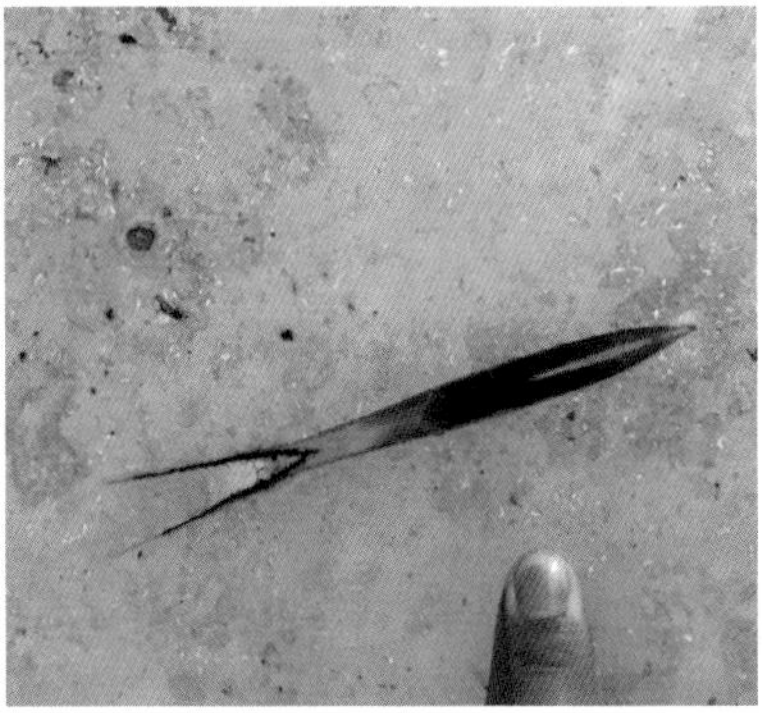

丸の内ビルディング地下入口のベレムナイト

ジュラマーブルの中のアンモナイト以外の化石

アンモナイトがすぐに見つけられるようになったら、別の化石を探してほしい。実際、ジュラマーブルは化石だらけなのだが、破片が多かったり、見慣れていない生物だったりして、気付かずにいるだけである。

ジュラマーブルに含まれている化石で、アンモナイトに次いで見分けやすいのがベレムナイトだろう。透明感のある褐色の矢先のような形をしており、日本では「矢石」ともいう。ベレムナイトは、アンモナイトと同じく、イカの仲間だが、体の外側を覆う殻がなく、体の内部に硬い骨のようなものがあり、それが化石となって残っている。現生の〝イカの甲〟にあたるもので、ベレムナイトの場合、ライフルの弾丸のような形にも見える。丸い横断面には、木の年輪のような同心円模様が見えるはずだ。

化石には見えないかもしれないが、不定形の模様はたいてい海綿動物である。海綿は英語で「sponge」だといえばピンとくる方も多いだろう。化粧品店などに並べてある天然のスポンジのことであるが、そもそも、普通売られているスポンジのほうが、海綿の模倣である。海綿は原始的な多細胞生物で、盃状であったり筒状であったり形はさまざま。そのうえ、やわらかくて変形しやすいから、埋もれて化石となると、不定形だとしか表現のしようがなくなる。しかし、よく探してみると、リング状になっているもの、V時形になっているものがあり、盃あるいは筒状の海綿《かいめん》の横断面や縦断面だと思われる。

小さな化石も入っている。目を皿のようにして見ると、多くの白い斑点が見えると思う。これは有孔虫。年輪のような模様が見えることもあるが、かなりの視力が必要かもしれない。そのほか、判別できない殻の破片もあり、多くの生物の遺骸が積み重なってできた地層だと考えられる。ジュラマーブルを切り出している地層は、おそらく、海綿だらけの礁が広がる温暖な浅い海だったようだ。

断面ではない化石が見られる「ゾルンホーフェン」

アンモナイト探しを楽しめる石材は、ジュラマーブル以外にもある。たとえば、お台場のショッピングモール「アクアシティお台場」のペデストリアンデッキに敷き詰められている石材でも化石探しが楽しめる。人が歩く通路に敷いてあるため、すり減ってしまう欠点があるのだが、割った状態のままの化石表面が出ている。地層といっしょに化石もつぶされてしまっているものの、街中で、断面でない化石が見られるのは、この石材くらいだろう。

この石材は、ジュラマーブルの産地と同じくドイツ南部ミュンヘンの北およそ100kmのところで採取されている中生代ジュラ紀終わりごろ（約1億5000万年前）の石灰岩で、採掘地の「ゾルンホーフェン」と呼ばれ

アクアシティお台場のペデストリアンデッキに敷き詰められた「ゾルンホーフェン」

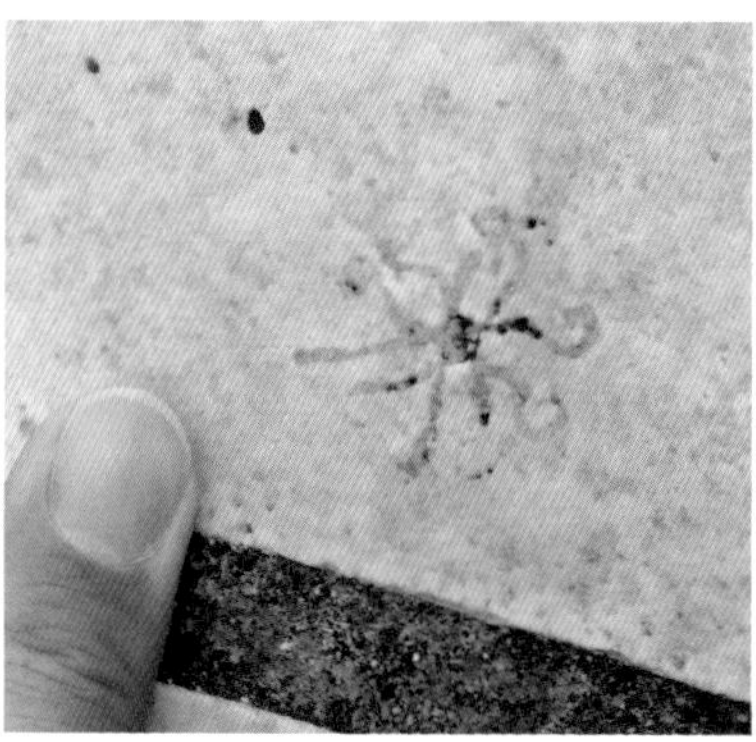

浮遊性ウミユリ「サッココーマ」

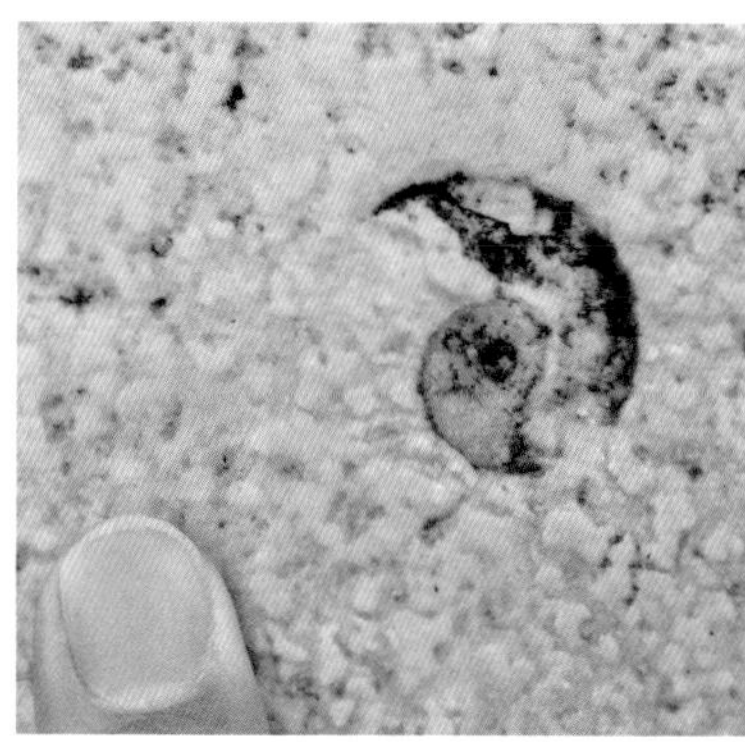

デッキで見つけたアンモナイト

ている。リトグラフに使う「石版石」だというとご存知の方もあるかもしれない。目が細くて板状に割れやすいことから、大小さまざまな大きさに割った板状の石材（乱形石）を貼り合わせていく使い方が多い。玄関ポーチや壁などに貼られているることがあるので、見覚えのある人も多いと思う。

「ゾルンホーフェン」は、始祖鳥の化石が見つかったことでも有名である。それ以外でも、カメや魚竜などの大型脊椎動物や、小型の魚類、エビやカブトガニなどの甲殻類、昆虫、軟体動物のクラゲやイカ、そして小型のアンモナイトなどが、とても保存の良い状態で産出している。

さすがに大型化石が見つかると石材としては使わないだろうが、小型の化石なら、街の中で使われている「ゾルンホーフェン」から見つけることができる。アンモナイトよりもよく見られる化石は、直径数㎜程度の体から放射状に腕（触手）を伸ばしている浮遊性ウミユリ「サッココーマ」、落とし主がはっきりしない糞の化石などを見つけることができる。

化石の保存状態が良いのは、地層ができた環境にあるらしい。この石灰岩ができた場所は、礁（リーフ）に囲まれたラグーンだったと考えられている。乾燥した気候であったため海水の蒸発が進み、塩分の濃い海水が底のほうに淀んでいたうえに、酸欠状態だったようで、死骸は塩漬け状態となって腐敗を免れた。そのうえに、死骸を食べる底生動物もいないのだか

COLUMN

偽化石

「ゾルンホーフェン」には、よく、シダの植物化石のように見えるもの（右写真）が見つかる。しかし、これは化石ではなく、岩の割れ目にできた二酸化マンガンの樹枝状結晶。化石のようで化石でないから「偽《ぎ》化石」と言われる。日本で古くから観葉植物として親しまれているシダ植物のシノブに似ていることから、「しのぶ石（デンドライト）」と呼ばれ、壁飾りにされることもある。しのぶ石は、自然界に見られるフラクタル図形の好例である。

ら、バクテリアによって分解されることもなく、ほとんど原形をとどめたまま地下に埋もれることができたと考えられている。うっかり塩分濃度が高い海水に迷い込んでしまった動物たちが化石として残ったのだろう。

深海に沈んだ殻

アンモナイトやベレムナイトを探すなら、イタリア北部産大理石も狙い目である。赤褐色系の「ロッソベローナ（マニャボスキ）」、ベージュ系またはピンク系の「ネンブロロザート」や「ペルリーノロザート」、白系の「ペルリーノビアンコ（キャーロ）」などがあり、ときに大きなアンモナイトや褐色で透明感のあるきれいなベレムナイトが入っている。百貨店やホテルなどの壁によく使われており、三越日本橋本店や日本橋高島屋などでは、アンモナイトがある部分に表示や解説までつけてある。新宿のビックロの階段も、アンモナイトのさまざまな断面を見ることができる場所である。

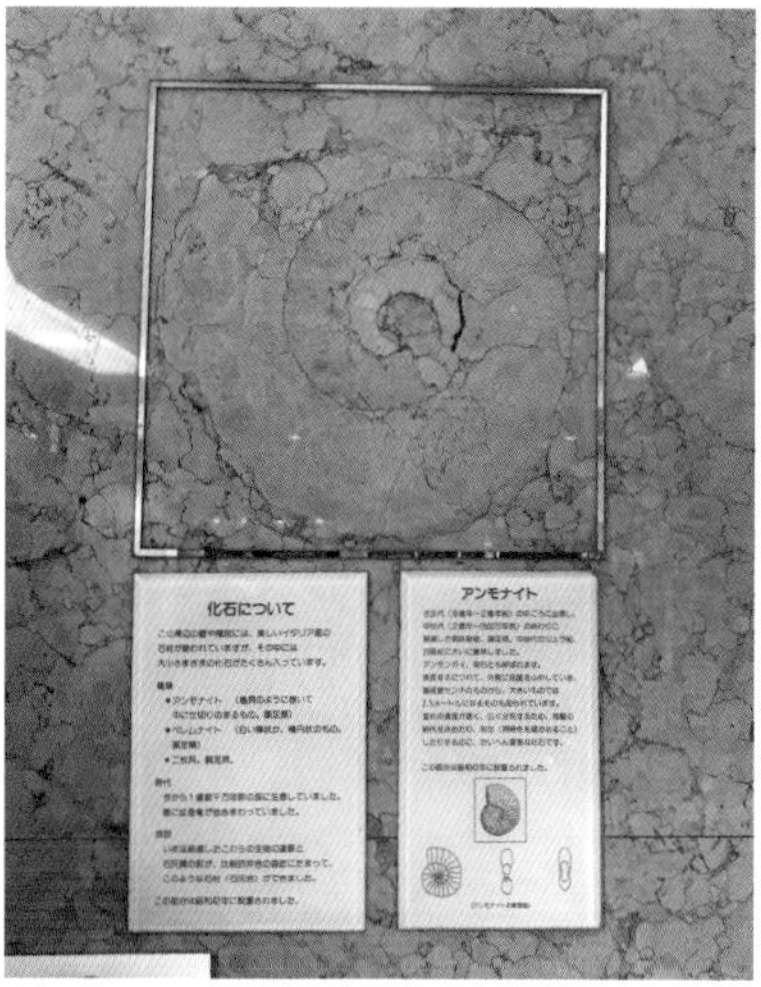

解説がついた三越日本橋本店のアンモナイト。石材は「ネンブロロザート」

　これらの大理石は、イタリア北部、アルプス南側にあたるヴェネト州に分布する石灰岩の地層を切り出したものである。ロッソベローナやネンブロロザートが切り出される地層（ロッソ・アンモニティコ・ベロネーゼ）が１・７〜１・５億年前のジュラ紀後期、ペルリーノが切り出される地層（ビアンコーン層）が約1・4億年前の白亜紀前期で、アンモナイトやベレムナイトの化石は当時のイタリア北部が海だった証拠だ。

これらの地層からは、砂粒も、サンゴや海綿などの固着生物の化石も出てこない。石灰質の泥にアンモナイトやベレムナイトの殻が埋もれている。こうしたことから、陸からの堆積物が到達できないくらい遠い沖合で、太陽光が届かない深い海の底でできた地層だと考えられる。石灰質の殻を持ったプランクトンの死骸が静かに降り積もる海底に、時折アンモナイトやベレムナイトの死骸が沈んできたのだろう。アンモナイトやベレムナイトが泳ぐ生物豊かな浅い海の下に広がる暗黒の海底でできた石灰岩が、今は遠く離れた大都市を飾り、人々を楽しませているのだから不思議な気がしてしまう。

浅い海に繁茂した石灰藻

明治生命館に入ると、吹抜部分の彫刻を施された大理石の柱に目が奪われる。落ち着いた感じのクリーム色で、茶色の筋が入っている。銀行やホテルなどの内装としてよく使われている「ボテチーノ」という大理石で、東京駅の新幹線きっぷうりばの壁にも使われている。イタリア北部ロンバルディア州のボテチーノで採掘されている、2〜1・9億年前（ジュラ紀前期）の石灰岩層（コルナ層）である。

遠くからでは気付きにくいが、近づいて見てみると、白っぽい斑

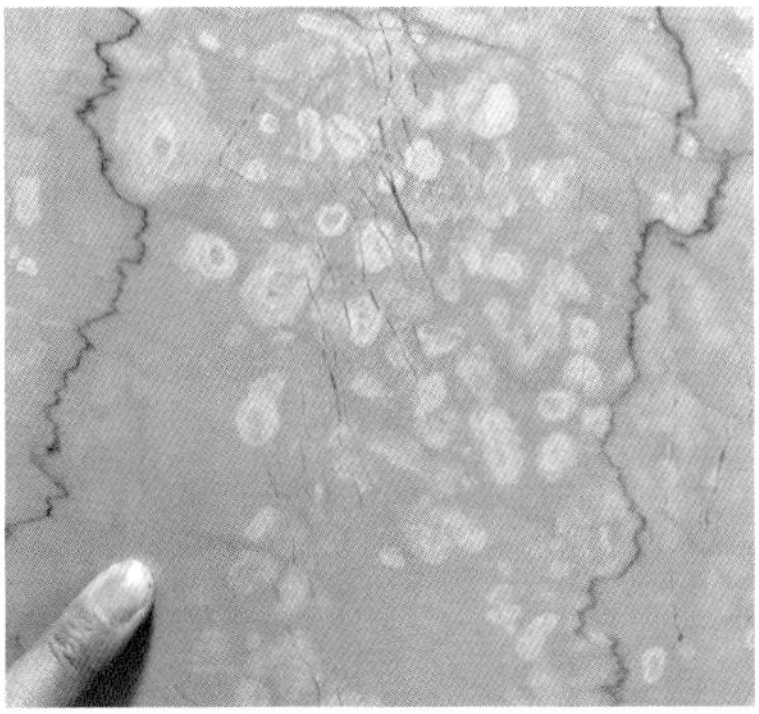

東京駅新幹線改札付近の「ボテチーノ」で見つけた石灰藻の化石

模様があり、中に年輪のような同心円状の縞が見える。それが、炭酸カルシウム（石灰分）を沈着させる藻類「石灰藻《せっかいそう》」である。石灰藻は、鉱物粒子や生物破片などを石灰分で固めた球状のかたまり（オンコイド）をつくり、その断面がこうした斑模様に見える。

現生の石灰藻としては、サンゴモがよく知られており、魚を飼っている方なら、水槽の内面に付着して広がっていく赤っぽいやつだと言えば思い浮かぶだろう。一見、石にしか見えないが、光合成を行う植物である。植物なのに、なぜ石灰分（炭酸カルシウム）を沈着させるのかはわからないが、魚などに食べられにくいよう進化したのではないだろうか。

石灰藻は長い年月をかけて石灰分の大きなかたまりをつくり、サンゴ礁の形成に重要な役割を担っている。だから、サンゴ礁でできた石灰岩にはたいてい含まれており、サンゴ、ウミユリ、海綿、貝殻などとともによく見られる化石なのだが、生物らしく見えないせいか、気付かれずにいるようだ。しかし、光が届くくら

地質時代		主な石材	見られる主な化石
新生代	新第三紀	田皆石、琉球石灰岩、ペルラートロイヤル	サンゴ、巻貝、二枚貝、石灰藻、ウニ
	古第三紀	キャンポ、サニーベージュ、クレママルフィル	ヌムリテス（貨幣石）、巻貝、石灰藻、ウニ
中生代	白亜紀	リオシュ、ペルラートズベボ、アリジーナフィオリータ、ネロマルキーナ、クレマヌォーバ	厚歯二枚貝、アンモナイト、ベレムナイト、腕足動物、巻貝、サンゴ、ウミユリ
	ジュラ紀	ジュラマーブル、ペルリーノロザート、ボテチーノ、モカクリーム、ロッソアリカンテ、ロッソベローナ	アンモナイト、ベレムナイト、海綿、腕足動物、巻貝、サンゴ、ウミユリ
	三畳紀	ポルトロ	
古生代	ペルム紀	美濃黒、美濃霞、霞	サンゴ、ウミユリ、フズリナ、巻貝、シカマイア、腕足動物
	石炭紀	八重桜、聖火、鶉、エコーシンヌ、インディアナライムストーン	ウミユリ、サンゴ、フズリナ、腕足動物
	デボン紀	ロイヤルルージュ、フィオールディペスコ・カルニコ、ラングドック	サンゴ、ウミユリ、海綿、直角貝、腕足動物
	シルル紀	クラフティブラウン	サンゴ、腕足動物

主な大理石（変成作用を受けていないもの＝石灰岩）が形成された時代と含まれる化石（著者作成）

い浅い海だったことを示す普遍的に見られる化石であり、街角地質学を楽しむうえでも重要である。

テチス海誕生前の化石

3〜2億年くらい前までさかのぼると、たったひとつの巨大な超大陸「パンゲア」だけがあって、テチス海（→128ページ参照）はまだなかった。その代わりに、パンゲア大陸に入り込んだ巨大な

COLUMN

貝化石がつくる模様　どっちが上でどっちが下？

砂浜の波打ち際に二枚貝の殻を適当に並べて見よう。水が溜まるような向きに置いた貝殻は、波でひっくり返って、殻を伏せたようになってしまう。それが安定な向きなのだ。

このことから、地層の中にある貝の化石が殻を伏せたような状態で並んでいれば、それは波に洗われていたからで、殻が膨らんでいる側が上だったと推測できる。つまり、二枚貝化石の並び方は、地層ができたときの上下を知る手がかりとなるということになる。もし、地層自体が曲がってしまっていても、当時の上がどちら向きだったか推定できる。

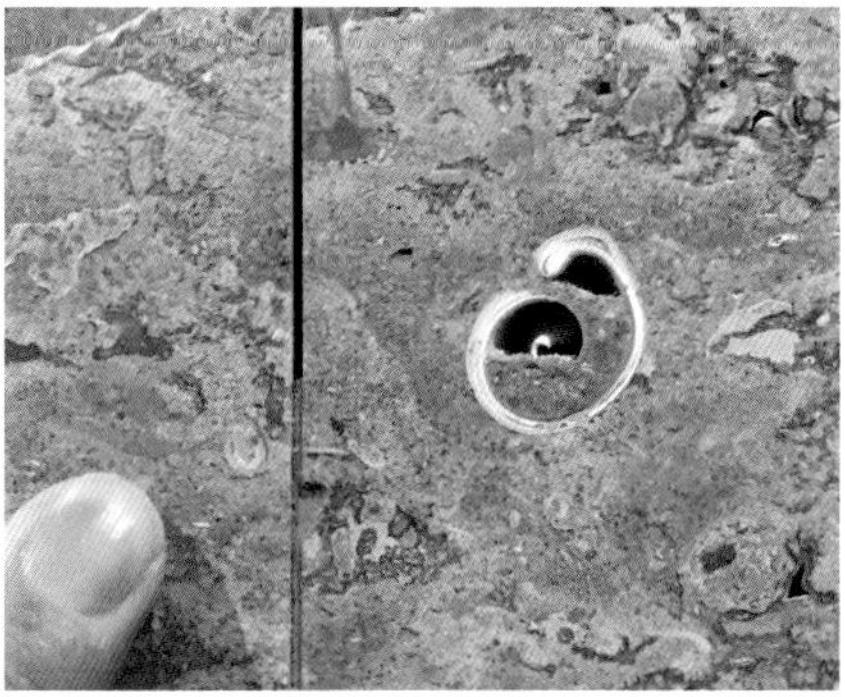
巻貝の化石に見られるジオペタル構造

石材の場合、人が好きなように割って、好きな向きに並べるのだから、地層ができたときの向きはランダムになっていても不思議ではない。そこで、こうした貝殻の並び方を見て、地層ができたときの上下を判断してみるのも楽しい。

別の方法で上下判定できることもある。二枚貝にしても、腕足類にしても、巻貝にしても、土砂に埋もれながらも空隙を残していることは多い。貝殻に入り込んだ土砂の表面が貝殻の内部に残っていれば、それは堆積時の水平面を示している。これを「ジオペタル構造」といい、堆積時の上下関係を推定できる。

埋もれたときに空隙だった部分には、後から方解石などの結晶が析出して、充填されていることも多い。おかげで、石材に穴が残っているわけではないことが多いのだが、そこだけ色違いとなって、妙な模様に見えるかもしれない。

貝殻の並び方やジオペタル構造が見える化石が複数あれば、より確実に、過去の水平面の広がりが推定できる。化石は、単に生物の存在を教えてくれるだけでなく、埋もれていたときの環境を探る手がかりも残している。

湾があり、その湾の東側にあった超海洋「パンサラッサ」の赤道付近にあった火山島に、大きなサンゴ礁が発達していた。そのサンゴ礁の跡が、関東から九州北部にかけて点在する石灰岩である。明治神宮外苑の聖徳《せいとく》絵画記念館に使われている岐阜県大垣市産の黒い石灰岩は、約2億6000万年前（古生代ペルム紀終わりごろ）のサンゴ礁跡で、大型有孔虫のフズリナや、大きな巻貝の化石が見られる。また、日本橋髙島屋階段の壁に使われている山口県秋芳町産のグレーの石灰岩は、約3億年前（古生代石炭紀終わりごろ）のサンゴ礁跡である。

東京中央郵便局内の壁や柱には黒い大理石はベルギー産「エコーシンヌ（プティグラニ）」という銘柄で、約3・5億年前（古生代石炭紀前期）の石灰岩である。よく見ると、たくさんの白い斑点があって、ほとんどウミユリ化石である。黒いのは有機物や硫化鉄を含んでいるためで、酸素が少なく微生物による有機物の分解が進み

東京中央郵便局のウミユリ化石（石灰紀）

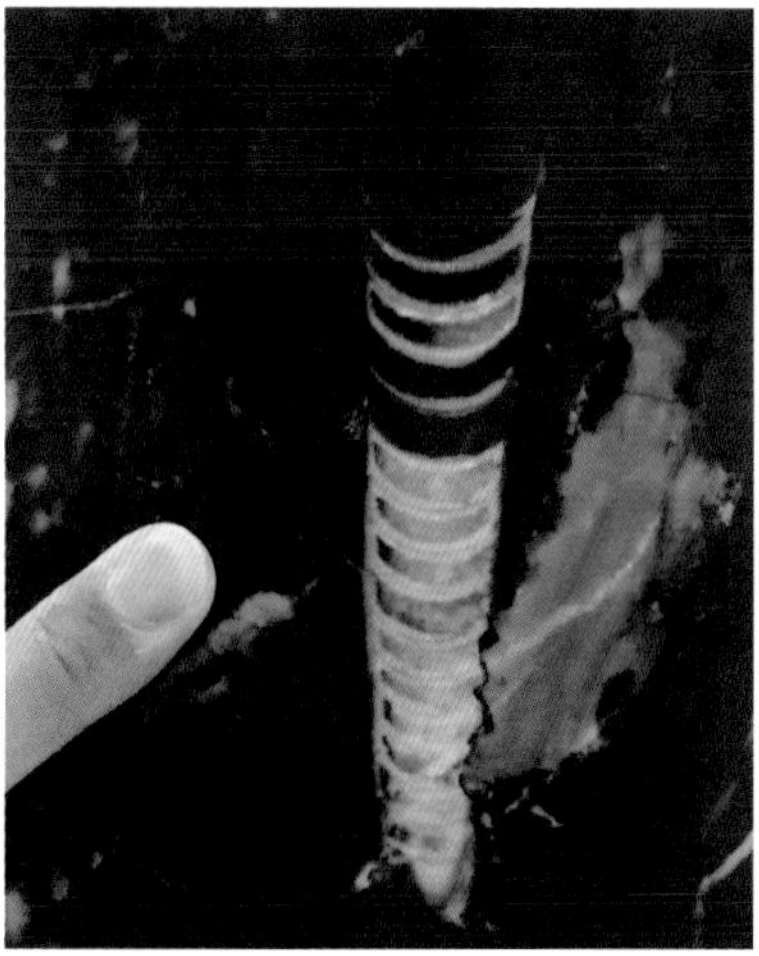

大手町ビル内で見つけた直角貝（デボン紀）

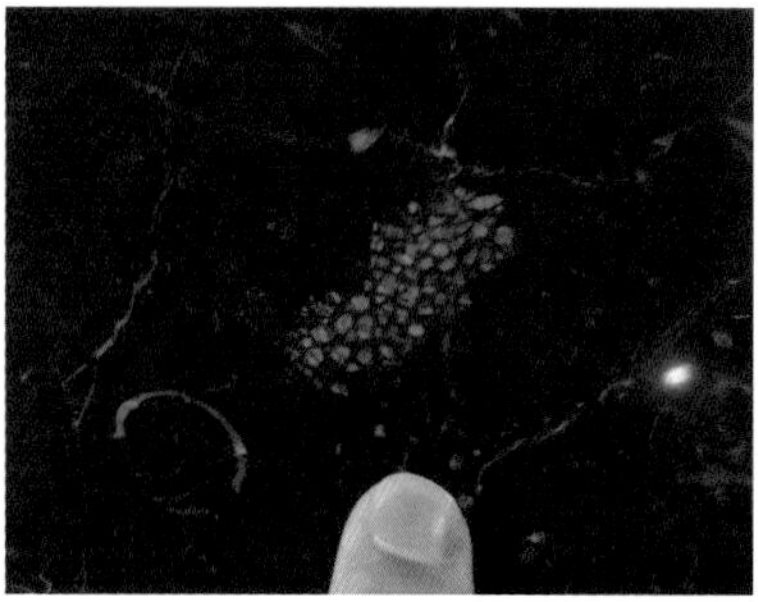

大手町タワー地下のハチノスサンゴ(シルル紀？)

にくい環境でできたと考えられる。パンゲア超大陸ができつつある時代、接近しつつある大陸の間の浅い海でウミユリが大繁栄したのだろう。同様の石灰岩はベルギー大使館前の広場に使われており、たくさんの化石を見つけることができる。

大手町ビル内の柱に使われている赤っぽい大理石は、ベルギー産「ロイヤルルージュ（ルージュドゥヌービルドゥミフォンス）」で、高度経済成長期のビルによく使われていた大理石だが、多くが取り壊されてしまった今、大変貴重な存在となっている（98ページ参照）。この大理石は、約4億年前（古生代デボン紀）の地層から採掘されたもので、直角貝、腕足動物、ウミユリ、海綿動物、石灰藻などの化石が含まれている。魚類が急激に進化していたころ、温暖な海に棲息していた生物たちを見ることができる。

さらに古いと思われる大理石が、大手町タワーの地下（地下鉄大手町駅改札前）に使われている。中国湖北省産「クラフティブラウン」という銘柄の黒っぽい石灰岩で、ハチノスサンゴや巻貝などの化石が見られ、約4億2000万年以前の（古生代シルル紀）のものと思われる。

このように中生代のテチス海で生まれた石灰岩が多い東京で、それより古い時代の石灰岩も、使われている。それらの石材の中には、テチス海やパンゲア大陸ができる前の地球環境で生きてきた生物の化石を見つけることができる。

03

TOKYO MACHIKADO GEOLOGY

大理石の模様からたどる大地の変動

トラバーチンの縞模様

ビルの内壁や地下街などで、たくさんの不定形の穴が縞模様をつくっているクリーム色の壁を見かけたら、おそらくトラバーチンだろう（16ページ写真参照）。なんだか、オフィスの天井に貼られている石膏ボードのようだが、石膏ボードのほうがトラバーチンの模倣である。

トラバーチンは、日本橋髙島屋の屋上階やパレスサイドビルなど、昭和のビルによく使われている。これほど多孔質な岩石だと、地圧を受ければ簡単に潰れてしまうはずだから、できた場所が地下深部ということはありえない。トラバーチンは、温泉に溶けていた石灰分（炭酸カルシウム）が、地表に湧き出したところで方解石として沈殿し、積み重なってできたものである。その沈殿は常に同じように起こるのではなく、結晶成長が速い時期や不純物が多く混ざる時

パレスサイドビル内装のトラバーチン

イエローストーン国立公園のトラバーチンのテラス

期などがある。そのため、木に年輪ができるように、トラバーチンにも縞模様ができるのである。

現在、トラバーチンができている場所には、美しい階段状の池ができて景勝地になっていることが多い。たとえばトルコのパムッカレ、アメリカのイエローストーン国立公園、中国四川省の黄龍などが有名だ。あのテラス状の沈殿物が、できたてホヤホヤのトラバーチンである。

ローマ郊外のチボリで採掘されているトラバーチン（「トラベルチーノロマーノ」など）は、12～3万年前にできたと考えられている。コロッセオなどの建築に使われ、古代ローマの文化を育んだトラバーチンの縞模様には、何万年もの間の環境変化の記録が積み重なっているのだ。

多孔質でスカスカのイメージがあるトラバーチンだが、結晶が詰まったタイプもある。たとえば、「セルペジャンテ」は細かい方解石が詰まっていて、肉眼でわかるような穴はない。時間をかけてゆっくりと沈殿したのかもしれない。

最初、穴だらけだったトラバーチンであっても、空隙に入ってくる地下水から石灰分（炭酸カルシウム）の結晶が成長し空隙を埋めていき、やがて穴がないトラバーチンに変化していくこともある。透明感のある結晶で空隙が充填されると、縞模様を残しながら、磨くとツヤが出て、ずいぶん違った印象の石材となる。それが「オニックスマーブル」と呼ばれる大理石で、その例として、イタリア産「スタラティーテ」や「パキスタンオニックス」などがある。

「スタラティーテ」は、含まれていた花粉の研究から約160万年前に沈殿したものだとわかっており、長い時間をかけて大きな結晶となったようだ。日本橋髙島屋のエレベーターホールを飾っているので、屋上のトラバーチンと比べてみると良いだろう。パキスタンオニックスは、半透明の大理石を薄い板

COLUMN

トラバーチンの縞模様に刻まれた太陽活動周期

トラバーチンには、地球だけでなく太陽の歴史まで刻まれているようだ。

トラバーチンの縞模様は、木の年輪のように、1年で、白い筋と濃い筋のセットができる。乾季には炭酸カルシウム（方解石）が沈殿しやすく、雨季には流されてきた泥が沈殿するためである。このことが過去の太陽活動周期を知る手がかりとなる。

天文に関心がある方なら、太陽の黒点が約11年周期で増えたり減ったりしていることをご存知だと思う。黒点が多くなるときは太陽活動度が高いときで、太陽が宇宙線を強く遮るようになるため、地球に届く宇宙線が減り、宇宙線によって生成されるベリリウム10（^{10}Be）という同位体も減る。

そこで、トラバーチンの白い部分にわずかに含まれるベリリウム10の量を測定したところ、11年周期で変化していることがわかった。トラバーチンで、何万年も前の太陽活動周期が、1年単位の分解能で復元できるかも知れない。トラバーチンは太陽の研究者にとっても宝物なのである。

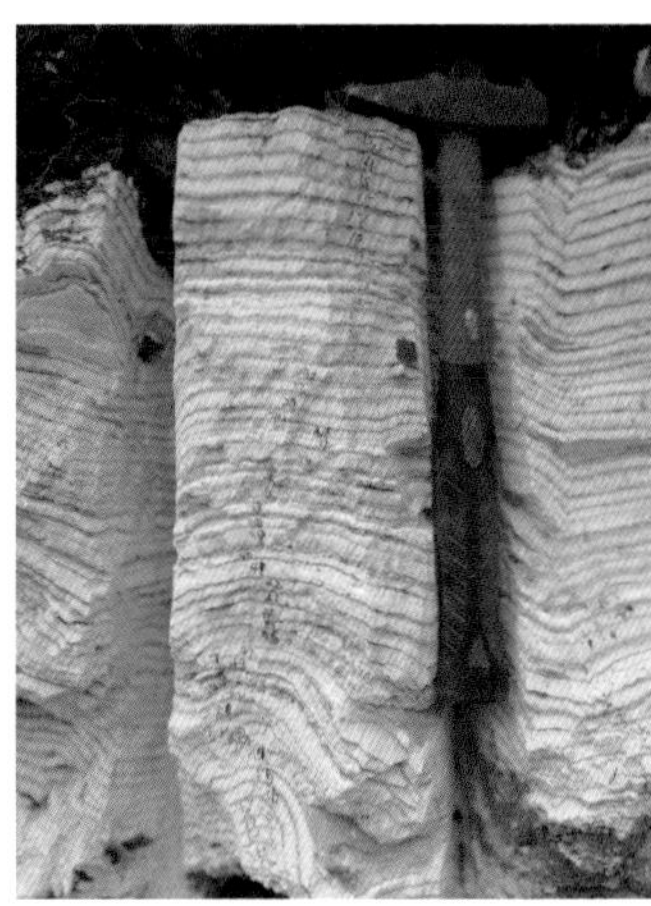

中国雲南省のトラバーチン（写真：弘前大学堀内一穂助教、武蔵野美術大学宮原ひろ子准教授）

状にスライスして枠にはめ込み、照明を背後から当てて透かすことで、まるでステンドグラスのような演出に使われ、丸の内オアゾにある丸の内ホテルや三越日本橋本店地下入口などで見ることができる。

トラバーチンやオニックスマーブルの縞模様は、長い時間をかけて静かな方解石の沈殿が起こっていた記録なのである。

水流によってできた縞模様

KITTEの地下入口前の柱や、新宿髙島屋スクエア内壁、品川インターシティなどに使われている大理石は、ビルの内装としてポピュラーな「モカクリーム」という銘柄で、ポルトガル中部サンタレン地方にある中生代ジュラ紀中期の石灰岩である。よく見ると、刷毛ではらったような縞模様があることに気付く。トラバーチンの縞模様ほどはっきりはしていないが、なにかの粒子が並んでいることはわかるだろう。その粒子というのは、砂粒、巻貝、ウミユリ、石灰藻などの破片で、温暖な海の生物の殻が砕かれて運ばれてきたものと言って良いだろう。

「モカクリーム」に見られるクロスラミナ（横約30cm）

日本橋髙島屋エレベーターホールに使われている「スタラティーテ」

縞模様に見えるのは、それらが積もってできた堆積構造である。これを「ラミナ（葉理）」という。ラミナはずっと平行に伸びているとは限らず、ななめに交わっていることが多い。このようなラミナを「クロスラミナ（斜交葉理）」といい、水流や波などの流れがある環境で砂粒が堆積するときにできる堆積構造である（下図）。

クロスラミナは、身近に見ることができる。たとえば、川や海の砂にデコボコ模様ができているのを見たことはないだろうか。水流があると、砂粒は水底を這うように移動し、急斜面のところで沈んで溜まる。その結果、下流側に傾くラミナがつくられる。上から見るとデコボコ地形だが、その断面はクロスラミナが幾重にも繰り返されている。

クロスラミナがあると、堆積したときに、どちら側から水が流れていたのか推定できる。「モカクリーム」に見られるクロスラミナは、潮流で海底の砂が動くような浅い海でできた証拠であり、礁をつくっていた生

水で流された砂粒が下流側に積もることで
クロスラミナができる

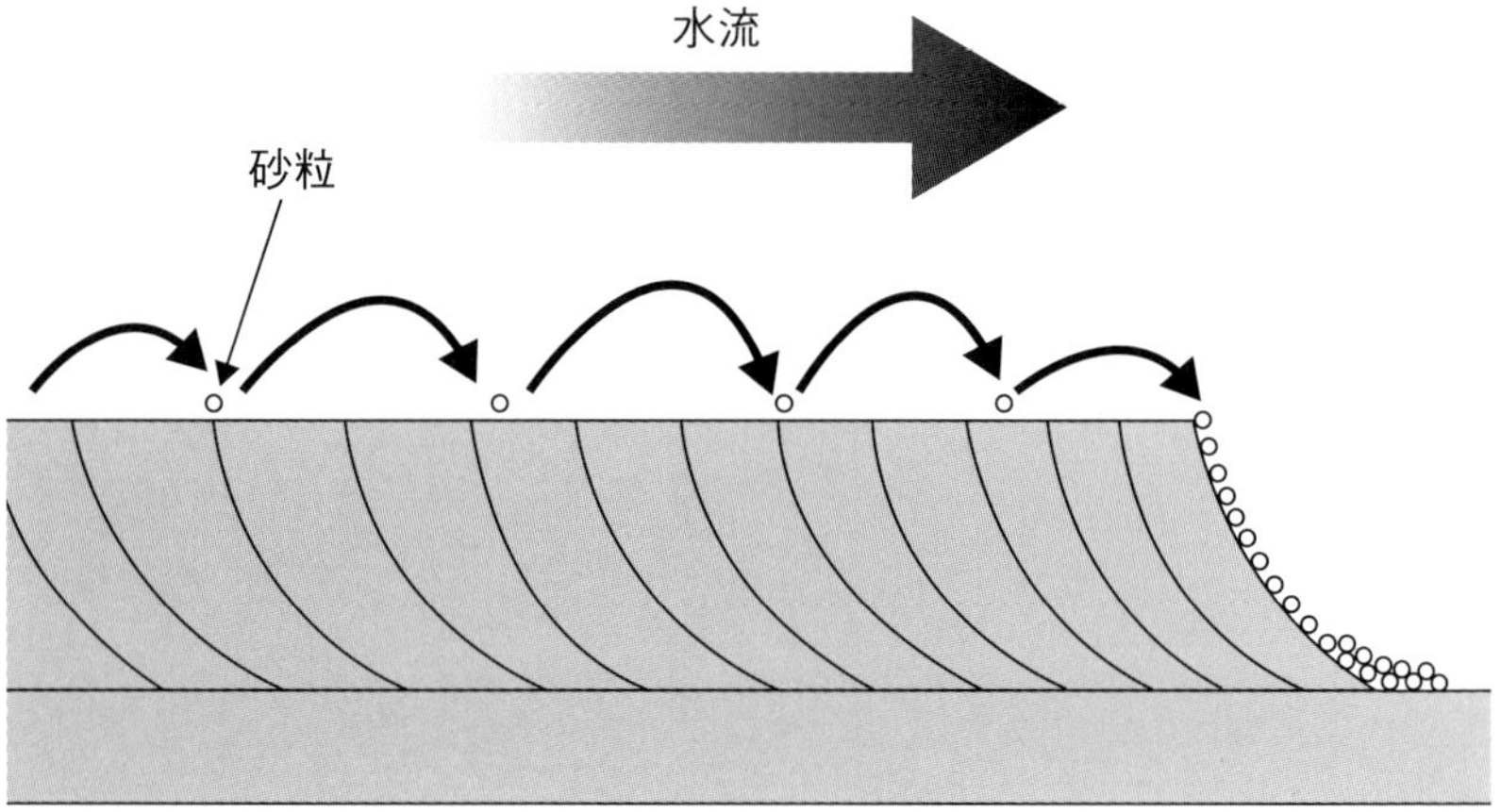

クロスラミナのでき方

き物たちの死骸が潮の流れで削られ、砂となり波に洗われていたことを示している。波打ち際にはきれいなビーチが広がっていたに違いない。

石灰岩に見られる2タイプの筋模様

石灰岩には、割れ目のような細い筋が入っているものがある。筋模様には、2つのタイプがあって、ひとつは網目状に広がる直線的な筋、もうひとつは不規則なギザギザの筋である。

網目状に広がる直線的な筋は割れた跡である。地圧がかかっている地下深くで岩石の破壊が起きると、隙間がほとんどない割れ目が網目状にできやすい。日本橋髙島屋地下の山口県産「小桜」の網目状の割れ目はこのタイプである。

隆起と削剥によって、上から岩盤を押さえつけていた圧力が小さくなると、岩盤の割れ目は広がる。そこに地下水が入ってきて、鉱物を沈殿させると、太い筋となる。たとえば、イタリア産「フィオールディペスコ・カルニコ」のトレードマークのような太い筋は、広がった割れ目に方解石が充填してできたものである。

一方、不規則なギザギザの筋は、割れた跡ではない。地下深くに埋もれた岩石がつぶされ（圧密され）ながら溶けた跡で、スタイロライトという。岩石は均質ではないため、圧密を受けると、ある部分に力が集中してしまう。鉱物は高圧になると溶けやすくなるので、強い圧力がかかった部分から溶けてしまう（圧力溶解）。特に、石灰分（炭酸カルシウム）は溶けやすく、石灰岩にはスタイロライトが発達しやすい。

スタイロライトは、切断面ではギザギザの筋に見えるが、3次元的にはかなり複雑な形状となっている。高さ

山口県産「小桜」が使われた日本橋髙島屋地下階段。地下で割れた跡が模様となっている

が違う柱を並べたようにデコボコだらけなのだ。実は、スタイロライトという語は、「柱」を意味する「スタイロ（stylo）」にちなんでいる。それでも、圧密されてできた構造だから、大局的には水平方向に広がる面状になっていることが多い。

このため、スタイロライトが発達する向きと垂直方向（柾目）に切ると、ギザギザの筋がいくつも平行に伸びているように見える。スタイロライトが発

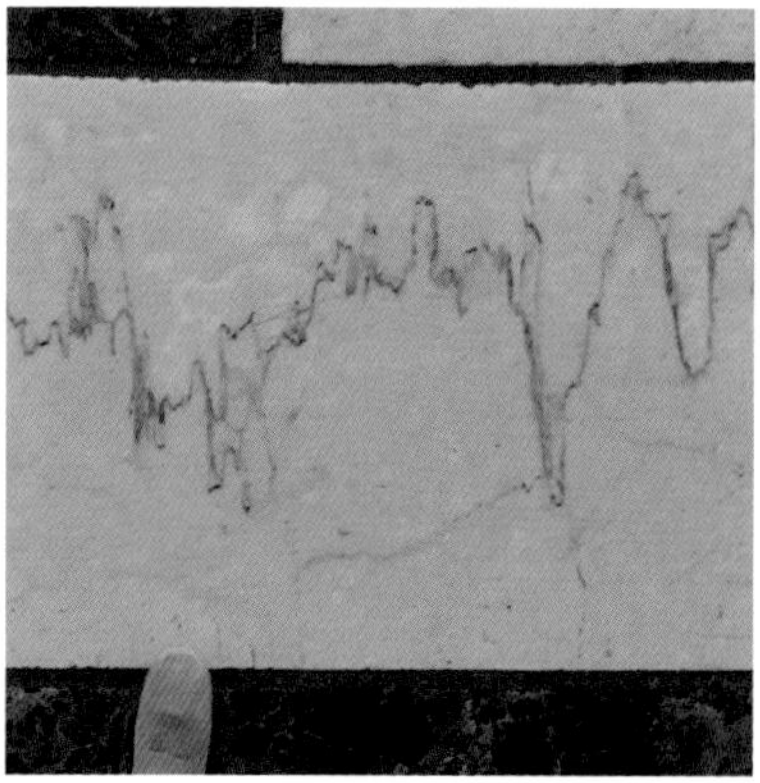

東京駅丸の内南口で見つけたスタイロライト

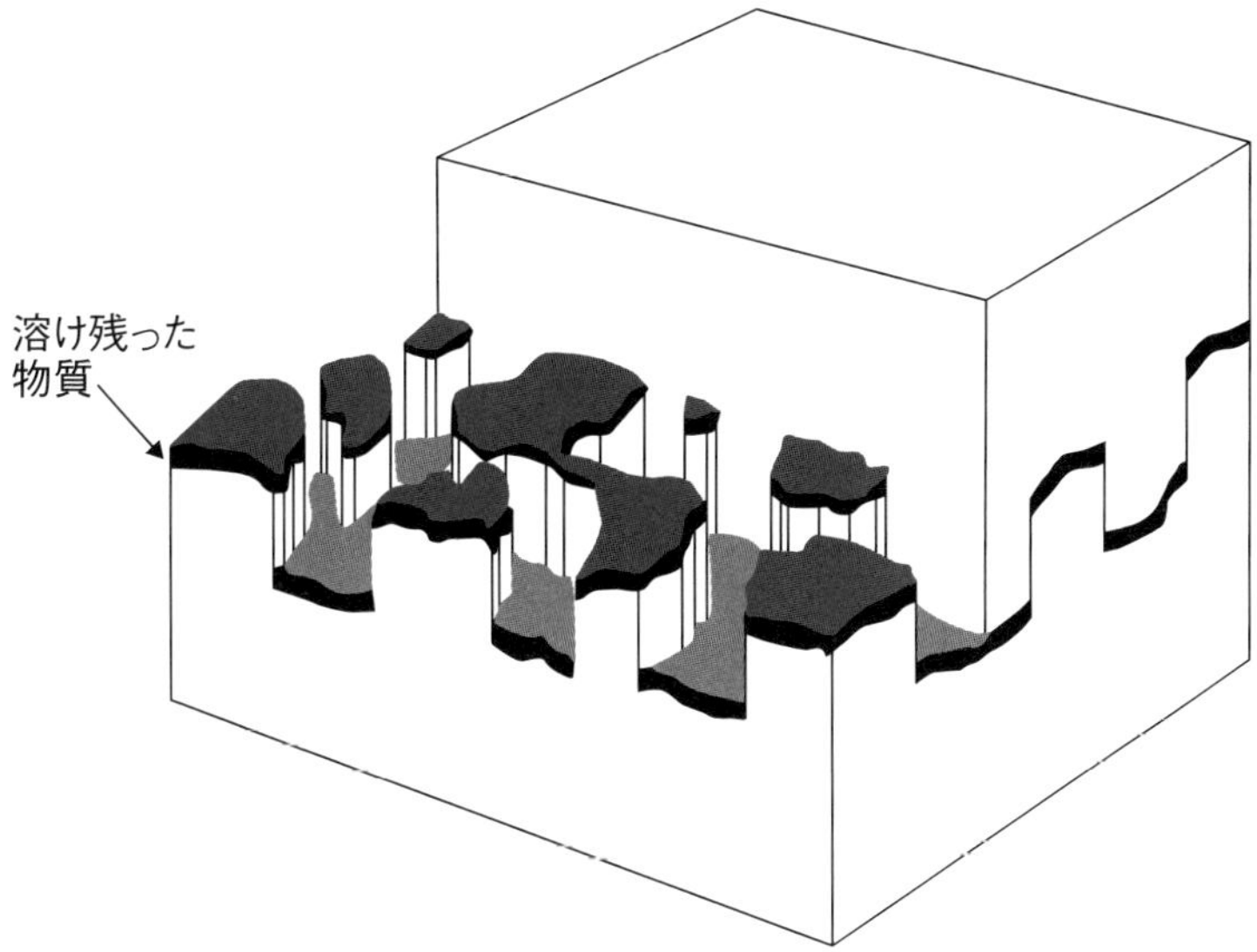

スタイロライトの三次元形状（ウェブサイト "Serbe Serbi Gologi", Smith, 2000 をもとに作成）

達する向きと平行な方向（平目）で切断すると、網目状の模様に見える。東京駅八重洲中央口の大丸百貨店に使われている「ペルリーノキャーロ」や、丸の内北口床に使われている「ボテチーノ」という大理石では、スタイロライトがよく見える。

割れ目とスタイロライトは、地下に押し込められた石灰岩に力がかかっていたことを示すものだ。両方が入り乱れて、区別できないくらいたくさん筋ができていることもある。

筋が赤っぽくなっているのは、酸化鉄が沈殿しているためで、わずかな隙間に水に溶けにくい鉄分が沈殿して着色され、筋がはっきり見えるのである。

更紗模様は地下岩盤破砕の跡

松屋銀座の階段の壁の大理石は、砕いた石を混ぜたような独特の模様である。このような模様の大理石を、石材業界では「更紗《さらさ》」と呼ぶことがある。最初に「更

松屋銀座の階段の「紅更紗」の壁

「紅更紗」の壁のクローズアップ

紗」と命名された大理石は岐阜県大垣市産のもので、聖徳絵画記念館の中央ホール床に使われている。もともと「更紗」とは、異国情緒のある柄に染め上げた木綿の布地のことで、そのような幾何学的模様が見えるという意味でつけられたのだろう。更紗模様の大理石には、「紅更紗《べにさらさ》」「山口更紗」といったように銘柄に「更紗」が入っているもののほか、「錦紋《きんもん》黄《き》」や「八重桜」といった日本的なネーミングがされているものもあり、命名者のセンスを感じる。地質学的に言えば、石灰岩が砕けた角礫の隙間が石灰質の泥や砂によって埋められた石灰角礫《かくれき》岩である。

ヨーロッパ産大理石で更紗模様と言えそうなのは、イタリア産「カラカータバーリ」、スペイン産「エンペラドール」、イタリア産「ベルデイッソニエ」などがある。ヨーロッパ産で、更紗模様の石灰角礫岩はあまり見かけないが、ヨーロッパに少ないというわけではなく、国内で入手できるものをわざわざ輸入する必要がないからだろう。

更紗模様がどのようにしてできたのかというと、地下の岩盤が砕けたのである。砕けた原因としては、断層運動や熱水破砕が考えられる。実際、本家の「更紗」が採石された岐阜県大垣市金生山では、断層がずれてできた破砕帯とともにマグマが入り込んできた跡（岩脈）も見られ、両方の現象が絡んでいる可能性がある。つまり、断層運動で砕けて弱くなっていた部分にマグマが貫入、地下水を沸騰させて岩盤を破砕、温度低下後に、割れ目に地下水から石灰分(炭酸カルシウム)などが沈殿して充填するというプロセスが推測される。はっきりとわかっているわけではないが、地下で起こった岩盤破壊の跡であることだけは間違いない。

更紗模様の大理石は、一度はバラバラに砕かれた石灰質の岩盤が、再び石灰分で固められた〝天然のテラゾ(42ページ参照)〟のようなものだ。いわば、地下深部でできた岩盤の傷跡。大地が不動ではなく、ダイナミックな運動が起こっている証拠でもある。

石灰岩が再結晶した跡

三越日本橋本店や港区立郷土歴史館で見られる白い大理石は、山口県美祢市産の「霰《あられ》」という銘柄で、近づいて見ると、数㎜程度のつぶつぶがあることがわかるだろう。石灰岩が熱を受けて（接触変成作用）再結晶した典型的な結晶質石灰岩で、方解石の結晶がキラキラと反射して見える。イタリアやギリシャの彫刻、たとえばミケランジェロのダビデ像やミロのヴィーナスなども、岩石名でいうと、結晶質石灰岩である。

こうした白っぽい大理石でも、真っ白というわけではなく、たいてい薄いグレーの筋が入っている。たとえば、「アラベスカート」（17ページ写真参照）には、網目のような幾何学的模様が見られ、それがアラベスク（アラビア風）模様のようだということで名付けられたらしい。アラベスカートは、日比谷の飯野ビルや品川グランドセントラルタワーのロビー壁や、大手町ファーストスクエアのカウンターなど、内装用に広く使われている。似たものに「ビアンコブルイエ」という大理石があるが、網目の形がア

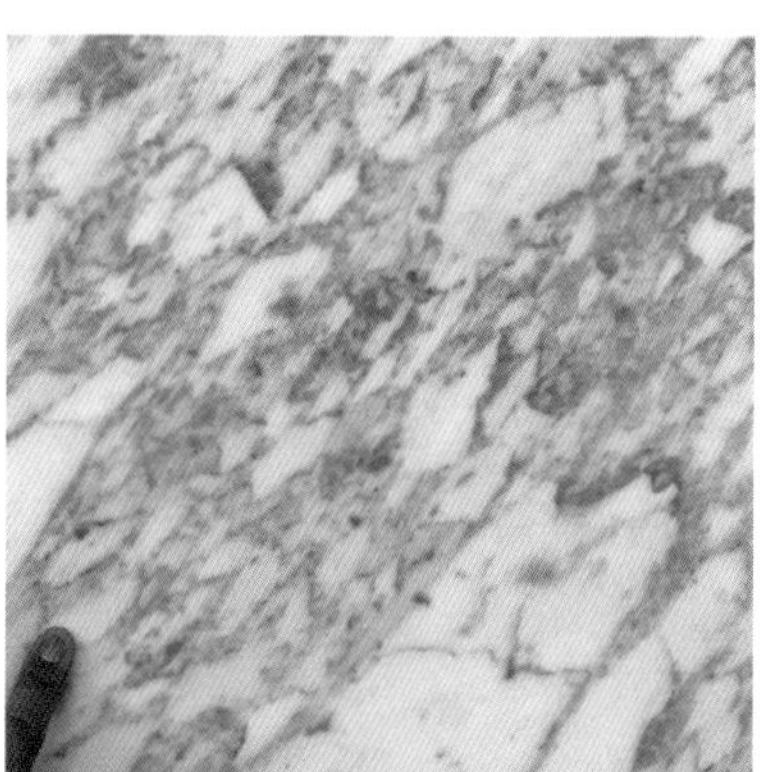

イタリア産「ビアンコブルイエ」にはグレーの網目模様がある

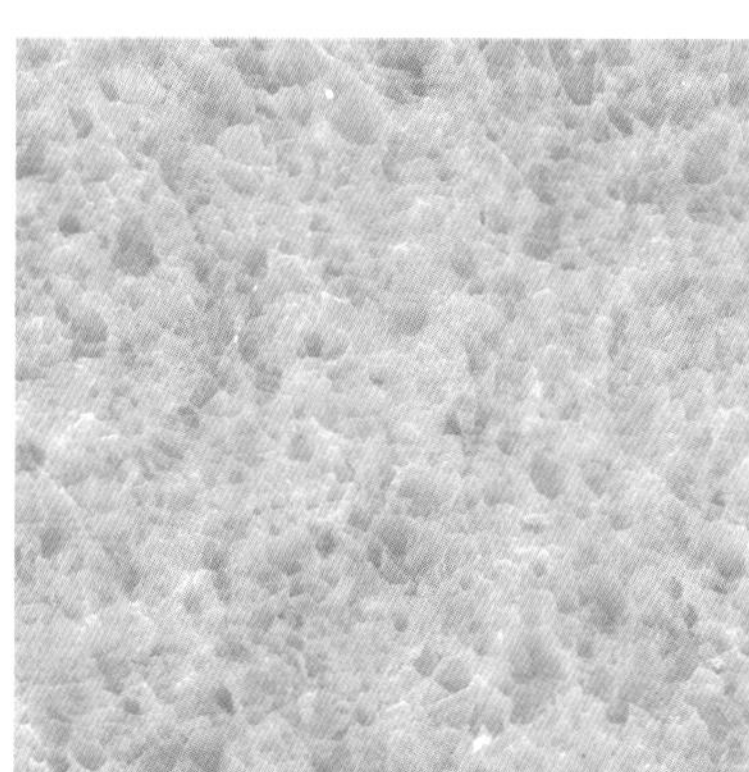

山口県産「霰」には大粒の方解石結晶が見える（横約10cm）

ラベスカートほど長細くない。東京オペラシティのエレベーターホールなどに使われている。

こうした模様は、多くの人がイメージする「大理石（マーブル）模様」に近いかもしれない。しかし、墨流し模様というよりも、網目模様のような感じであり、ここまで読み進めてきた読者なら、割れ目のように見えるのではないだろうか。実は、網目のような筋を持つ白っぽい大理石は、前述の石灰角礫岩（ブレッチャ）が再結晶したものである。砕けてできた石灰岩の角礫の隙間を埋めていた部分がグレーの網目模様となったわけだ。再結晶によって方解石の粒が元の石灰岩より大きくなり、画面の解像度が下がったかのようにぼやけて見えるようになった。国産大理石で「更紗」と呼ばれるタイプが漂白されたような感じがする。

地質学では、元の岩石（原岩）が変成作用で変化した岩石のことを、元の岩石名の前に「meta-」という接頭語をつけて表すことがある。熱変成作用を受けてできた石灰角礫岩（ブレッチャ）は、「メタブレッチャ」である。もともと、「meta-」はギリシャ語で「後」という意味があり、地質学では「後で変化した」という意味で使われている。

地下深部で変形した跡

大理石の中でもひときわ異彩を放っているのが「ノルウェジャンローズ」。名前のとおり、バラのような鮮やかなピンク色が印象的で、真っ白なかたまりと黒っぽい粒が、コントラストを強めて、華やかさを演出している。紅白のお餅を詰め込んで、上から押さえてつけたようにも見える。

南北に長いノルウェーの中ほどにあるファウスケという地域で採掘されている石材で、変成作用を受けた礫岩

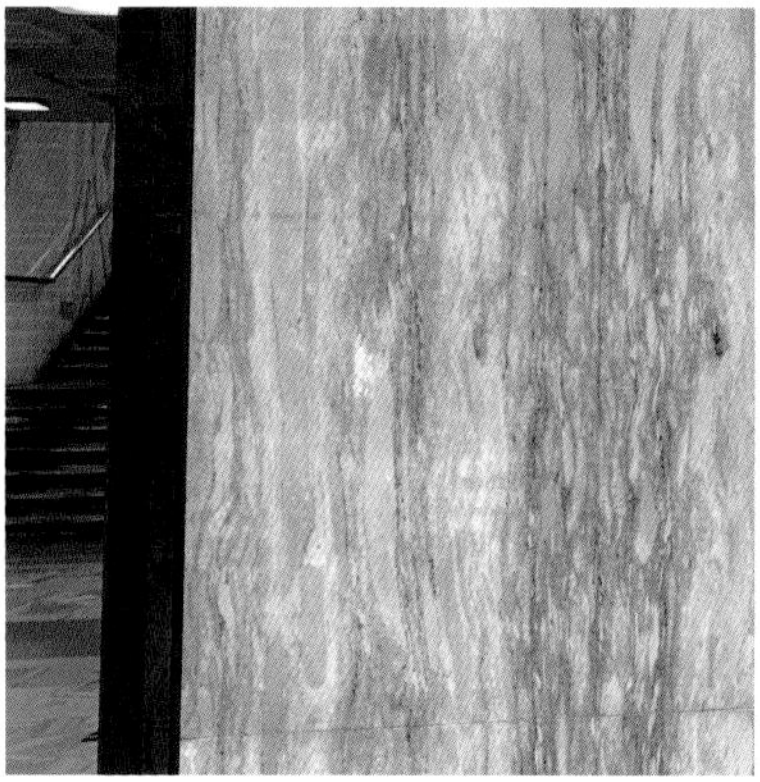
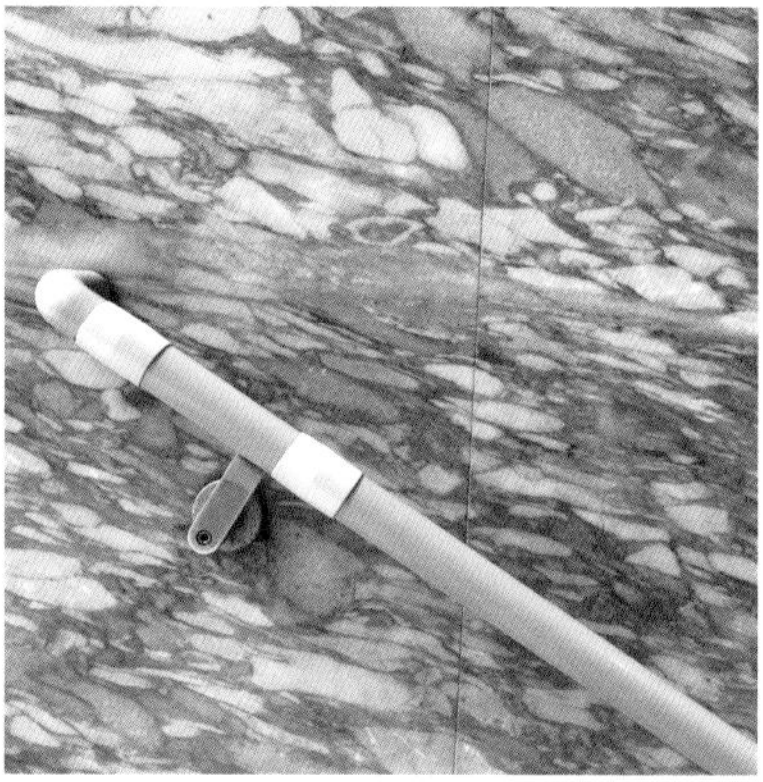

帝国劇場のある国際ビル（左）と紀伊國屋ビルディング地下階段（右）のノルウェー産「ノルウェジャンローズ」。バラのような濃いめのピンク色が印象的。礫のつぶれ具合のちがいがわかる

である。礫岩なら、小学校で習うから覚えている方も多いだろう。礫（小石）が砂や泥とともに積もって、固まってできた岩石である。その礫岩が、高温高圧の地下深部に押し込められ、変形したうえに再結晶してできた。ピンクの礫は、不純物としてマンガンを含んでいる石灰岩。白いのはマグネシウムが多い苦灰岩（ドロストーン）である。この地域の礫岩には、別の礫も含まれているのだが、美しい部分だけを採掘しているようだ。潰れ具合はさまざまだが、もはや礫だとはわからないくらいに長く伸びてしまい、ぺちゃんこに潰れているものもある。

化石がないため、礫が積もった時代ははっきりしていないが、地層の研究から、約5億2000万年前ごろ（古生代カンブリア紀）と考えられている。その後、約4億年前ごろまで、地下で押し潰されていたようだ。おそらく、大陸同士の衝突現場だったのだろう。大陸棚にあった石灰岩が崩れて海底に溜まり、大陸の間に挟まれて圧縮されたのではないだろうか。

地下深部の岩石に大きな力がかかると、潰されるだけでなく、長く伸ばされることもある。岩石内部にずらすような力（剪断応力）が働くからで、最終的に縞模様になってしまう。たとえば、ギリシャ

大手町パークビルディングの「ストリアートオリンピコ」。長く伸ばされてできた縞模様が見える

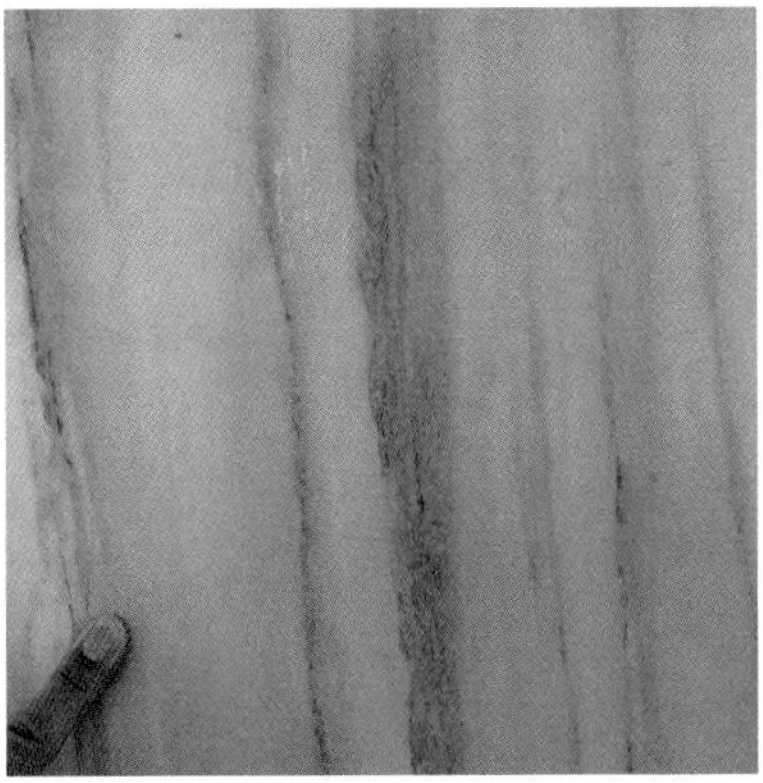

日比谷マリンビルの「ペンテリコン」。伸ばされてできた縞模様が見える

産結晶質石灰岩の「ペンテリコン」や「ストリアートオリンピコ」、イタリア産結晶質石灰岩「チポリーノグリーン」、スウェーデン産「スウェディッシュグリーン（コルマルデン蛇紋岩）」などが、そのようにしてできた縞模様である。

大理石に限らず、岩石が引き伸ばされてしまうことを不思議に思うかもしれない。しかし、叩けば割れる飴であっても、少し温めれば曲がってしまうし、氷でさえも長い時間をかけてゆっくり力を加えると曲がってしまう。岩石の場合、地表付近で急に変形させようとすると割れてしまう（脆性破壊）が、高温高圧下でゆっくり変形させると、砕けることなく流れるように変形してしまう（塑性変形）。つまり、潰されたり引き伸ばされたりしている岩石は、地下深部で長時間にわたって力を受け続けたということである。長期間にわたって大きな力をかけ続けることができるのは、プレート運動による大陸同士の衝突などが考えられる。大理石の模様には、大地の変動が刻まれているのである。

04

TOKYO MACHIKADO GEOLOGY

造山帯でできた御影石

白い花崗岩のふるさとはマグマだまりの上部

GHQの総司令部が置かれたことで有名な旧第一生命館。同じ街区にあった農林中央金庫とともに、建物を部分保存したうえで一体的に再開発され、1995年に「DNタワー21」となった。ここの見どころは、何と言っても外壁の花崗岩である。割肌を鉄ノミで削った「ノミ切り仕上げ」で、厚みが15㎝くらいもある「稲田石」の高い壁を見上げると、その威容に圧倒されると同時に、「稲田石」の白さを感じる。

DNタワー21の内部の床も壁も「稲田石」で覆われており、ピラミッドの中にでも入ったかのような雰囲気を味わえる。花崗岩の中でも白っぽいと言われる「稲田石」も、磨かれている部分を見れば、黒雲母が案外多い感じもする。実際のところ、黒雲母は全体の3％程度入っており、表面仕上げの違いで、色味がずいぶん違って見える。

改めて、黒雲母以外の花崗岩の主な3種類の鉱物も確認しておこう。稲田石は粗粒（粒径5㎜以上程度）で、石英は淡灰色～濃灰色であることが多いが褐色を帯びていることもある。カリ長石の色のバリエーションは広く、白、ピンク、ベージュなど。斜長石はたいてい白色だが、わずかに色付いていることもある。これら構成鉱物の

ＧＨＱの総司令部が置かれたＤＮタワー21の入口と外壁に使われている「稲田石」

色しだいで、花崗岩全体の色目が変わってくるし、見た目の印象はずいぶん違ってくる。「稲田石」の場合、石英もカリ長石も斜長石も白っぽいので、全体的にも白く感じられるのであろう。

東京駅丸の内駅舎前から行幸通りへつながる白い敷石も「稲田石」で、晴れた日に近くのビルから見下ろすとその白さが存在感を引き立てている。前章で述べたとおり、東京で「稲田石」を見かけることは多いので、区別できるようになると街歩きの楽しみが広がるに違いない。

稲田石は、地質学的には「稲田花崗岩」と呼ばれており、約6000万年前（新生代新第三紀）に深さ10㎞くらいの地下深部にあったマグマだまりが固まって結晶化したものである。その分布域は、東西20㎞、南北10㎞くらいもあり、そんな巨大なマグマだまりの上部が、侵食によって露出したと考えられている。より地下深部から上昇してきたマグマが、この場所に入り込んできて、数十万年かけて冷えて、鉱物結晶の集合体となった。その結晶が絡み合ってさまざまなテクスチャを生み出している。

稲田花崗岩が白っぽいのは、花崗岩としては浅いところでできたということも影響している。マグマだまりの内部で、鉱物の結晶が

東京駅丸の内駅舎前の「稲田石」の白い帯

できると、重い（比重が大きい）鉱物は下に沈み、浅い上のほうに軽い（比重が小さい）鉱物が集まりやすい。軽い鉱物は白っぽいものが多いので、白っぽくなりがちである。

稲田花崗岩は、マグマだまりの最上部だったことは間違いなく、砂岩や泥岩などの堆積岩の下で接している。マグマだまりに落ち込んできたと思われる堆積岩も見られ、捕獲岩（ゼノリス）と呼ばれる。稲田花崗岩と接していたり、捕獲岩となっていたりする堆積岩は、再結晶して固くなっており、マグマだまりの熱で変成作用を受けたことがわかる。いわば天然の〝やきもの〟であり「ホルンフェルス」という。もし、熱を受けた岩石が石灰岩であれば「結晶質石灰岩」という。

こうした花崗岩と堆積岩の接触部が石材として使われることはほとんどないが、模様を生かしてあえて使われることもある。上野公園のパンダ石（65ページコラム参照）やつくばセンターの広場では、稲田花崗岩が堆積岩と接している様子を観察することができる。

瀬戸内の花崗岩は巨大マグマだまりの跡

昭和の建造物として初めて重要文化財の指定を受けた明治生命館。全館が保存されているおかげで、内装の大理石も見どころなのだが、岡山県笠岡市北木島の「北木石」でつくられた外壁にも注目してほしいところ。明治生命館と再開発で建設された明治安田生命ビル（丸の内MY PLAZA）の間が、ガラス屋根で覆われたアトリウムにされており、自然光が射し込む開放的な空間に、改修に伴って切断された外壁の一部が展示されているのはありがたい。「北木石」をじっくりと観察できるうえに、表面仕上げの違いも見ることができる。

近くにある前述のDNタワー21外壁の「稲田石」と比べてみると違いがわかるだろう。あるいは、日本橋に行って、高欄の「北木石」と、路面の「稲田石」を見比べるのも良いかもしれない。「北木石」はやや粒子が細かく、黒雲母が多めで、カリ長石の色がベージュを帯びている。

カリ長石の色がベージュなのは、わずかな鉄分が微細な割れ

COLUMN

ハチ公銅像の台座

忠犬ハチ公像台座

渋谷の待ち合わせ場所として定番の忠犬ハチ公像。その台座は御影石でできており、多くの人の目に触れているはずだが、注意をはらう人はほとんどいないだろう。汚れてしまっているうえに、うっすら縞模様があるのだが、「稲田石」である。街の中で「稲田石」を見慣れるほど、これが「稲田石」だとはわからないのではないだろうか。街の中で流れたような縞模様が見える「稲田石」を見かけることはまずないからである。かつて、縞模様がある花崗岩は好まれなかったらしく、ほとんど使われなかったのだ。再建された１９４８年に、こんな模様入りの御影石が選ばれたのは意外な気がするのだが、何か意味が込められているのだろうか。

目に染み込んでいるためと考えられる。現在、岡山県笠岡市北木島で採掘されている「北木石」は白っぽいものが多く、地下を掘り進んでいくと白くなるようだから、地表に近いところにあった部分ほどベージュ色を帯びていたと考えられる。かつて東京の建築で使われた「北木石」は、まだ地表近くで切り出されていたころのものであろう。

ところで、瀬戸内地域には、「北木石」のほか、「万成石」、「議院石（尾立石）」、「徳山石」、「大島石」、「庵治石」、「小豆島石」といった花崗岩類（御影《みかげ》石）の名産地がたくさんある。これら花崗岩は、関西から九州まで、瀬戸内海全域にわたって分布している。これらの花崗岩類の形成年代は約1億〜7000万年前だから、地上に巨大な恐竜が歩いていたころ、地下では巨大なマグマがうごめいていたということになる。マグマだまりがひとつだったわけではなく、少しずつ違う時期に形成されたマグマだまりが重複してできた複合岩体となっているとはいえ、やはりその巨大さに圧倒される。

明治生命館の外壁

瀬戸内地域に、これほど広く花崗岩が露出しているということは、そこが長い間、風雨にさらされるような陸上であり続けていたということでもある。実際、海底の時代が長かった東日本では、堆積物や火山噴出物などで覆われ、花崗岩の露出は少ない。花崗岩の風化でできた分厚いマサ土が発達しているのだから、大規模な風化が生じるほどのさらされ具合だったということである。おそらく、温暖だったと推定されている約1600万年前ごろ（新生代新第三紀中新世）、多量の降雨によって花崗岩の風化が進み、溶け出た鉄分が、その下にあった未風化の花崗岩に浸透し、淡いベージュを帯びた花崗岩に変えたのではないだろうか。はっきりしたことはわからないが、花崗岩にこうした大地の歴史の一端が記録されていることは間違いない。

日本と中国の花崗岩は海洋プレートの沈み込みで生まれた

東京駅日本橋口のサピアタワーや大手町の経団連会館の壁には、白っぽい花崗岩が一面に貼られていて美しい。「稲田石」かと思い

東京オペラシティの「庵治石」の石垣

明治生命館外壁の「北木石」

経団連会館に使われている中国福建省産の花崗岩「G655」

経団連会館の「G655」

きや中国福建省産の花崗岩「G655」である。銘柄が番号だと味気ないからなのか、日本では「中国稲田」と呼ばれることもある。中国産御影石には、花崗岩の英語「Granite」の頭文字「G」の後に、州を示す番号（6は福建省産）と2桁のシリアル番号がふられる。つまり、「G655」は、福建省で55番目に製品化された花崗岩である。海外では「ヘイゼルホワイト」などと呼ばれているのに、わざわざ「稲田」の名称をつけるのだから、日本で稲田石のブランド力がいかに強いかわかる。中国産の御影石が日本で多く使われるようになっているのは、コスト面の理由が大きいとはいえ、日本産と見かけが似ているということも理由のひとつになっているだろう。

見かけが似ていることは、生い立ちが似ているからである。それもそのはず、日本列島はもともとアジア大陸の一部だったのだから、地球全体から見れば、生まれた場所は同じだと言って良いだろう。福建省など中国南東部の海岸域の花崗岩は約1・5〜1億年前に形成されたもので、日本の花崗岩と重なるから、世代も同じだと言える。

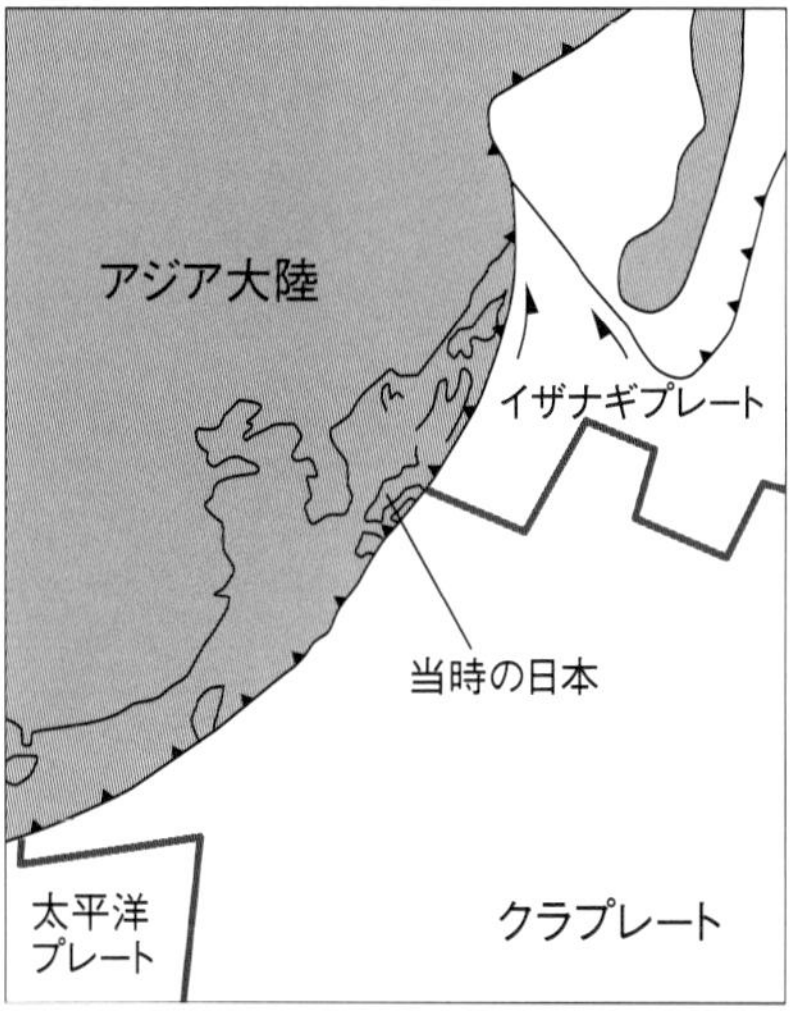

1億年前ごろ（中生代白亜紀）、日本列島はアジア大陸の一部だった（Maruyama et al. 1997 を基に作図）

もう少し、生い立ちを知っておこう。中生代のジュラ紀から白亜紀にかけて、アジア大陸南東の縁で、海洋プレートが沈み込んでいた。海洋プレートの沈み込みは、水を地球深部へ運び込んでいくことになる。

長い間、海水に触れていた海洋プレートには、水分を含んだ鉱物（含水鉱物）がたくさんできていて、いわば、水をたっぷり吸い込んだ状態になっていた。それが、温度も圧力も高くなる地下深部に運ばれ、まるで水を含んだスポンジから水が絞り出されるように、水を放出。岩石は、水を含むと融点《ゆうてん》が下がるため、部分的に融け、マグマを生じた。やがてマグマは集まり、マグマだまりとなった。特に、温度が

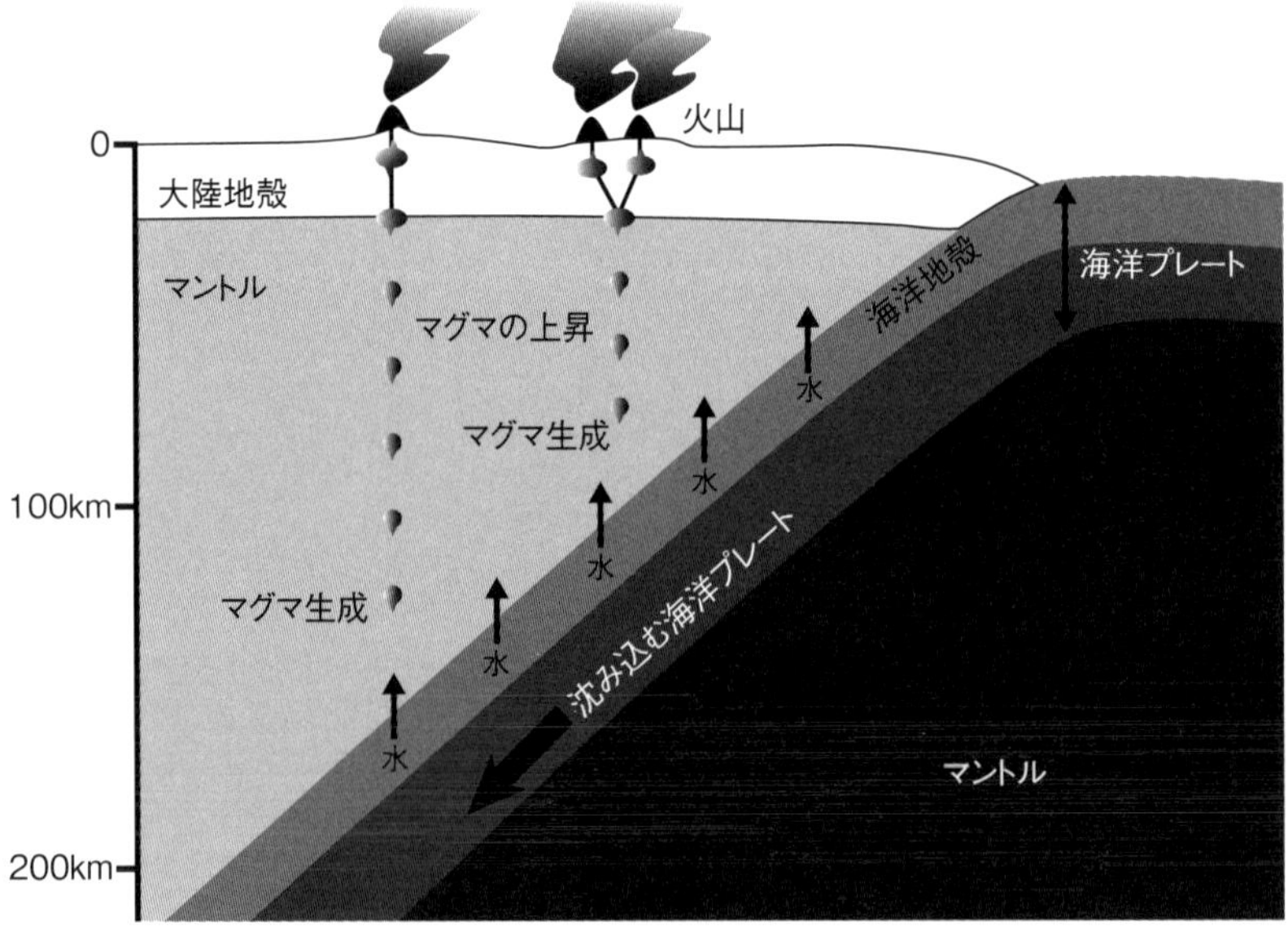

海洋プレートの沈み込みでマグマができるメカニズム（巽（1995）などをもとに作成）

高い海洋プレートが沈み込んだ時期に、大規模なマグマ形成があったと考えられている。

海洋プレートの沈み込みは、マグマを形成するだけでなく、大陸そばの海底にできた地層を圧縮し、大規模な褶曲《しゅうきょく》や断層の形成をもたらした。こうしてできた地質構造が「造山帯」であり、プレート同士の接近によってマグマが生まれ、地層が変形・変成した場所である。日本と中国南部の花崗岩は、どちらも、海洋プレートが大陸の下に沈み込むことによって生まれたのだ。

3億年前の造山帯でできたマグマ

西新宿には、ヨーロッパ産の花崗岩をふんだんに使った超高層ビルが揃っている。大きなビルを覆うくらいの量を調達できるのだから、きっと採掘規模も大きいのだろうが、構成鉱物の粒度も大きい。

東京都庁舎（1990）の外壁の白っぽい部分はス

外壁の「ルナパール」のクローズアップ

外壁に「ルナパール」が使われた東京オペラシティ

ペイン・グリシア州産「グリスペルラ」と呼ばれる花崗岩で、うっすらベージュなカリ長石の結晶が、国産花崗岩には見られないくらい大粒である（104ページ参照）。
新宿パークタワー（1994）には、カリ長石がピンク色になっているイタリア・シチリア島産「リンバラ（ギャンドーネ）」が、外壁だけでなく、内壁や外構にも使われていて壮観である（105ページ参照）。ピンク、グレー、白、黒と、花崗岩を構成する主要鉱物4種が見分けやすい。
東京オペラシティ（1996）には、白っぽいイタリア・サルデーニャ島産「ルナパール」が外壁全面に貼られている。ほのかにベージュで透明感のあるカリ長石を含み、粒はやや粗いが、「北木石」に似た感じで、日本産花崗岩と似た趣がある。
ヨーロッパ産花崗岩が見られるのは、もちろん新宿だけではない。「ルナパール」は、前述の明治生命館と隣に建設された明治安田生命ビル（丸の内MY PLAZA）の外壁にも使われているので、明治生命館の「北木石」と比べてみると良いだろう。日本生命丸の内ビル（2004）の外壁はイタリア・サルデーニャ島産「ローザベータ」、日比谷国際ビル外壁のスペイン産「ローザポリーニョ」、コレド日本橋のポルトガル産「グランペルラ」など、都内の各地で見られる。やはり、カラフルで大粒な石材が使われている。

面白いことに、これらヨーロッパ産花崗岩の形成年代は、約3億年前（古生代石炭紀）にできた花崗岩ばかりである。なぜかというと、どれも「バリスカン（ヘルシニアン）造山帯」という同じ造山帯で生まれたからだ。

約4～3億年前ごろ（デボン紀～石炭紀）、大陸同士の衝突・合体が相次いで起こった。そして、ついに、北半球にあったローレンシア大陸と、南半球にあったゴンドワナ大陸が合体。超大陸「パンゲア」が形成された。その過程で起こった海洋プレートの大陸下への沈み込みにより、花崗岩マグマが生じた。バリスカン造山帯の花崗岩は、パンゲア超大陸の誕生とともに生まれたマグマだまりの跡なのである。

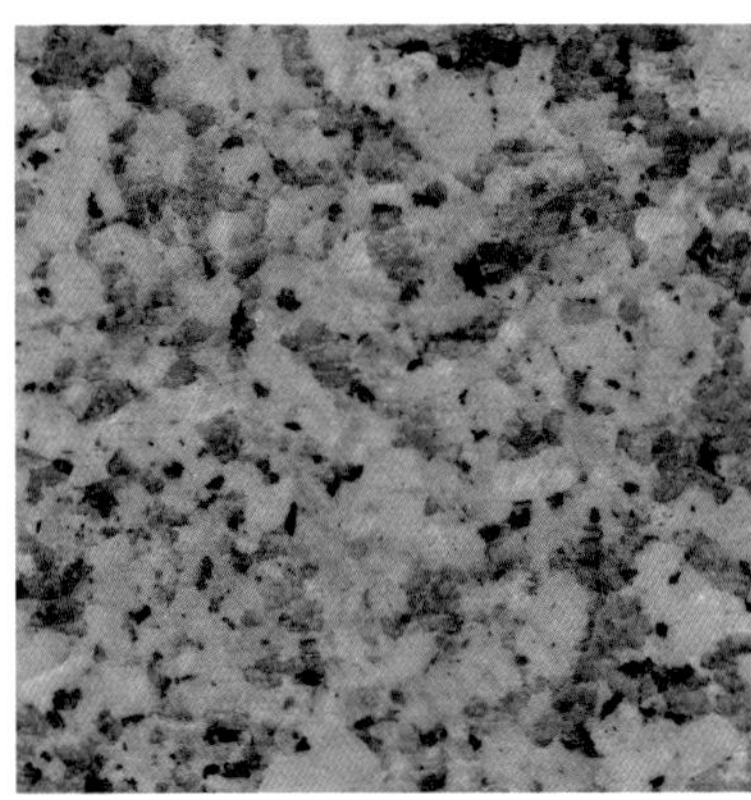

スペイン産「ローザポリーニョ」（横約10cm）

ゴンドワナ超大陸をつくったマグマ

パンゲア超大陸ができる前、大陸はいくつかに分裂していたが、さらに時間をさかのぼると超大陸が存在していた。それが、超大陸「ゴンドワナ」である。7～5億年前、現在のアフリカ大陸とその周辺で大陸が次々と衝突して生まれた。実は、およそ3～4億年の周期で、分裂したいくつかの大陸が集合・合体して巨大な〝超大陸〟

が形成され、また分裂するというサイクルが繰り返されていたと考えられている。

大陸同士が接近すると、大陸間の海底に土砂が溜まって地層ができる。プレートの沈み込みにひきずられて、その地層が地下に押し込められ、高温高圧で再結晶し変成岩になったが、一部は融けてマグマをつくり火成岩となった。こうしてできた地質体は「パン（汎）アフリカン造山帯」と呼ばれ、アフリカだけでなく、南米、インド、南極大陸などに残っている。いわば、大陸同士をくっつける接着剤となった地質である。

日比谷〜丸の内あたりを歩きながら、パンアフリカン造山帯の花崗岩を見てみよう。東京ミッドタウン日比谷外壁の「トロピカルサン」や、ザ・ペニンシュラ東京外壁の「ナミビアイエロー」（108ページ写真参照）が、まさにアフリカ大陸のナミビア産である。

かつてアフリカ大陸と地続きだったのに、現在は

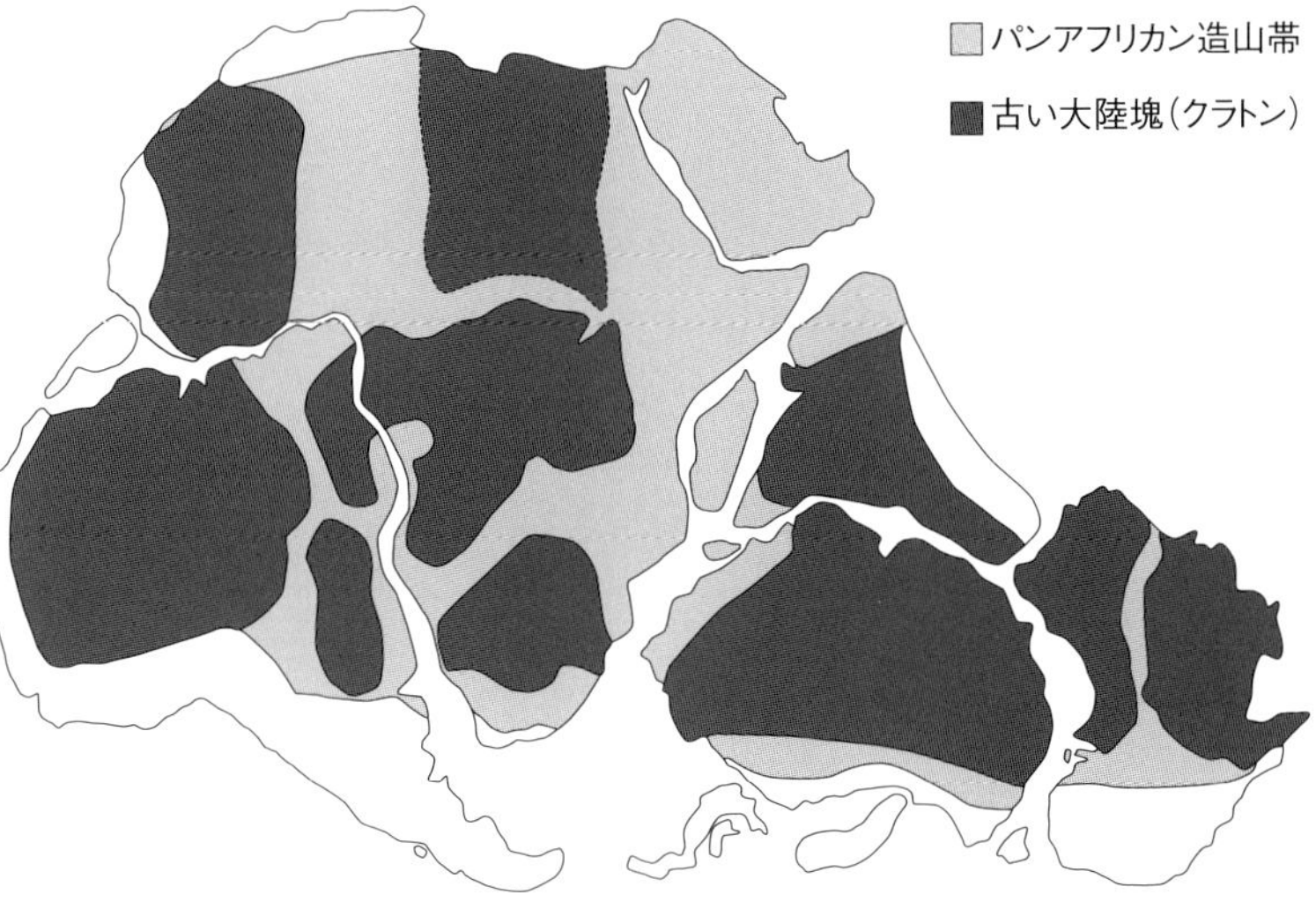

約5億3000万年前の大陸配置とパンアフリカン造山帯（淡い部分）の位置（Harley et al.（2013）,Avigad,D.,Gvirtzman,Z.（2005）およびGrey et al.,（2007）をもとに作成）

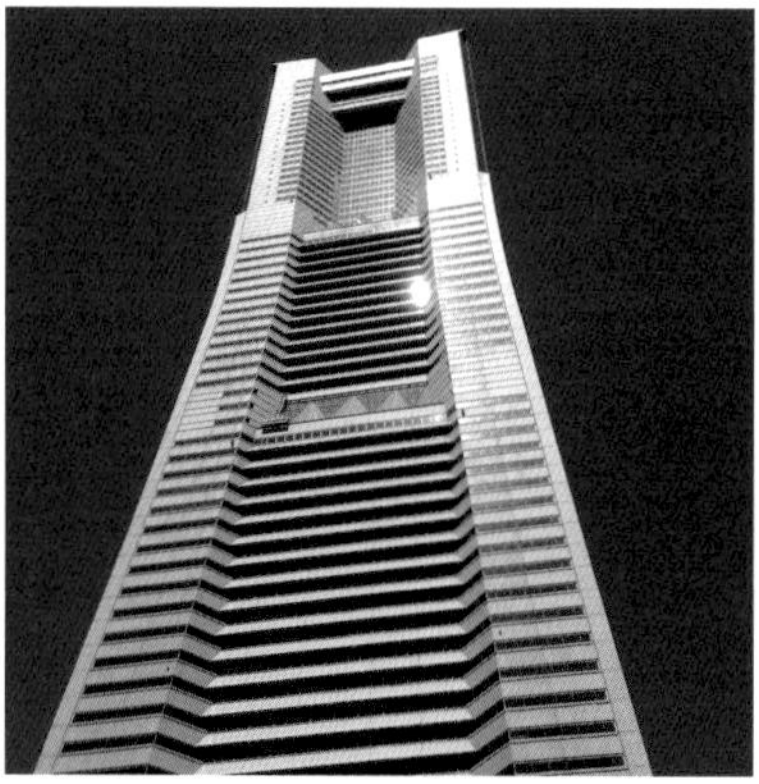 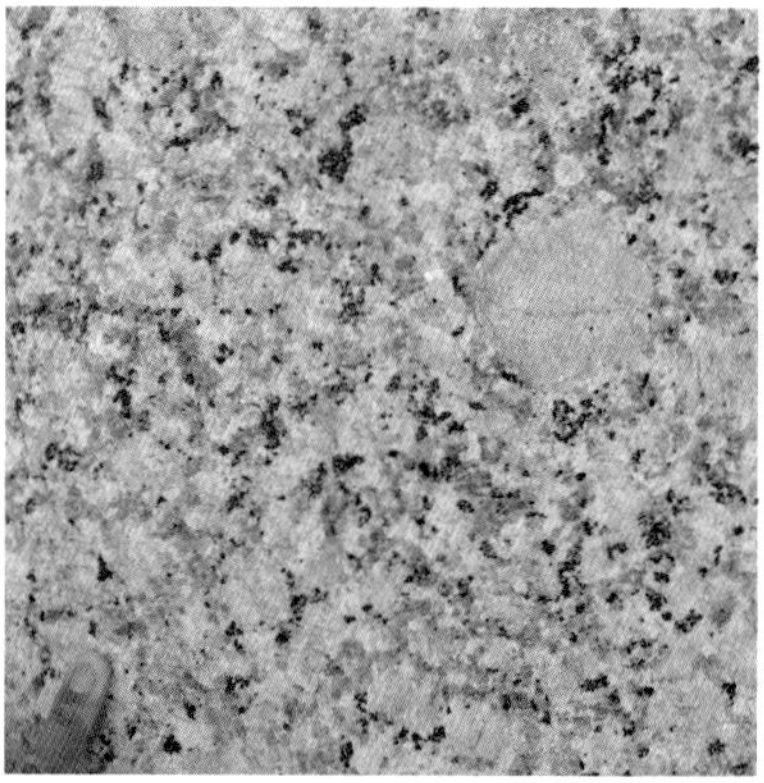

横浜ランドマークタワー（左）と外壁の「オーロガウチョ」（右）

遠く離れてしまった南アメリカ大陸からも、多様な花崗岩が輸入されている。たとえば、ブラジル・リオグランデドスル州産「オーロガウチョ」や「プラタガウチョ」が、有楽町の東京国際フォーラムや横浜ランドマークタワーなどの外壁に使われている。どちらも同じ石切場で採掘される黄色味を帯びた大粒のカリ長石が特徴的な花崗岩で、黄色味が強いものがオーロガウチョ、黄色味が弱いものがプラタガウチョと呼ばれている。ちなみに、ポルトガル語でオーロ（Ouro）は金、プラタ（Prata）は銀、ガウチョ（Gaucho）は南米で牧畜を行う人たちを指す言葉である。ガウチョたちには、カリ長石の割れ口が光ると、金や銀のように見えたということなのだろうか。カリ長石がもっと大粒なのが、丸の内二重橋ビル外壁の「ジャロベネチアーノ・フィオリート」で、10㎝くらいの斑晶が入っていることがある。

どれも約6～5億年前に固まった花崗岩で、鉄分によって褐色に染まったものが多い。〝アースカラー〟と言われる褐色系の石材をあえて選んで輸入しているのか、それ以外の色調の花崗岩が採掘されていないのかは、わからない。

日比谷ゴジラスクエアの「サモア」

ゴンドワナ超大陸誕生のプレッシャー

パンアフリカン造山帯で採掘された御影石の中には、花崗岩ではない岩石もある。片麻岩だ。花崗岩によく似ているが、鉱物の粒の並び方に方向性があり、なんとなく流れたような模様（片麻状構造）がある。また、大粒のガーネットが入っていることが多い。

たとえば、日本橋三井タワーや日比谷ゴジラスクエアに使われている「サモア」や、JPタワー入口や丸の内永楽ビルの外壁に使われている「ジャロサンタセシリア」には、流れたような模様が見られる。また、ベージュ～黄色の岩石の中に1㎝くらいのガーネットの結晶がたくさん含まれており、ときに宝石にできそうなくらい真っ赤なものが見つかることもあるから、ついつい探したくなってしまう。どちらもブラジル・エスピリトサント州産の片麻岩である。

片麻岩だということは、マグマが固まってできた火成岩ではない。海底にできた地層が、高温高圧にさらされて、融けることなく再結晶してできた変成岩である。途方もなく長い時間をかけて、固体のまま変身した岩石なのだ。

海底の地層を地下深くまで押し込めたのは、海洋プレートの沈み込みと、その後に続いて起きた大陸衝突だった。現在、インド大陸がユーラシア大陸に衝突しているところにヒマラヤ山脈という大山脈ができているように、ゴンドワナ超大陸ができるときにも大山脈ができただろう。その大山脈の地下で、地層がぎゅうぎゅう押し潰された。

ブラジル・エスピリトサント州の片麻岩ができたのは、地下15～20㎞程度の深さで、温度は700～800℃くらいだったと考えられている。ゴンドワナ超大陸ができたときの大陸衝突の力が、片麻岩の中に記録されているのである。

ロディニア超大陸でできた御影石

さらに昔、およそ11～8億年前にあった超大陸は「ロディニア」と呼ばれる。13億年くらい前から、いくつかの大陸が集まってロディニアができつつあるとき、やはり、大陸間にあった海底の地

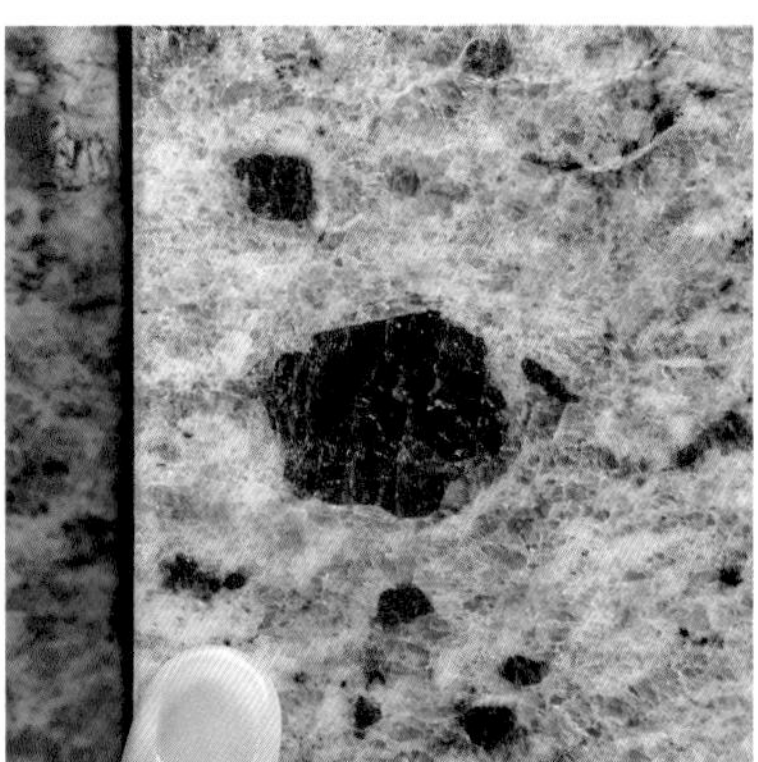

丸の内永楽ビル外壁で見つけた大きなガーネット

ブラジル産の片麻岩「ジャロサンタセシリア」を使用したJPタワーのKITTE玄関

ぐにゃぐにゃ模様の御影石「ジュパラナ・コロンボ」を使った東京日本橋タワー

層は、高温高圧の地下深部に押し込められて変成岩になり、一部は融けてマグマになった。このときにできた地質体が「グレンビル造山帯」である。

インド南東部・アンドーラ・プラデーシュ州には、グレンビル造山帯に相当する地質が分布しており、地下深部で融けかけたことがわかる岩石が、石材として採掘されている。たとえば、東京日本橋タワー（2015）の外壁は、〝ぐにゃぐにゃ模様〟の御影

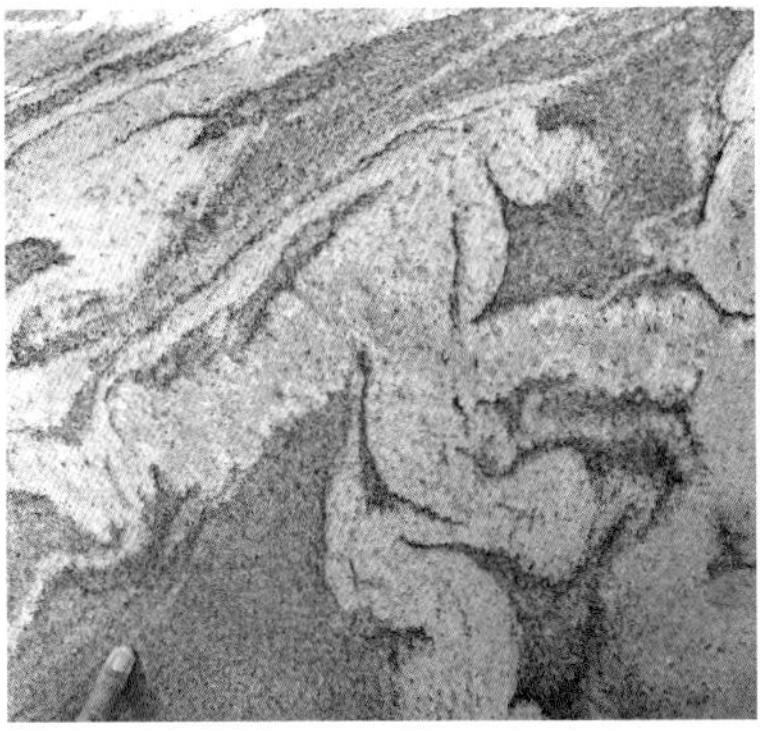

東京日本橋タワーの「ジュパラナ・コロンボ」

石（107ページも参照）。「ジュパラナ・コロンボ」という銘柄で、赤味を帯びた淡色部分と黒っぽい部分が入り混じった御影石である。下からビルを見上げると〝ぐにゃぐにゃ模様〟が空高くまでつながっているように見えてなかなか壮観だ。

同様な模様の御影石としては、カレッタ汐留（2002）外壁のインド・アーンドラプラデーシュ州産「ベルデマリーナ」や、三井住友銀行本店（2010）外構の中国山東省産「チャイナ・ジュパラナ」などもある。御影石なのに、遠目には大理石（マーブル）模様のようだ。

実は、濃色部分は片麻岩で、泥や砂が融けることなく再結晶した変成岩、淡色部分はマグマが固まってできた火成岩。つまり、部分的に融けた岩石なのである。いわば〝変成岩と火成岩のミックス〟であり、「ミグマタイト」と呼ばれる。〝ぐにゃぐにゃ模様〟は、外力を受けても割れることなく、塑性変形した名残である。

別のタイプのユニークな片麻岩もある。そのひとつが「チダホワイト」で、小学館本社ビル（2016）、西新橋スクエア（2014）、JA共済ビル（2011）などの外壁に使われている。かなり白っぽい石材だが、離れてみれば、グレーの流れ模様が見える。そのせ

カレッタ汐留の玄関外壁（左）と使われている「ベルデマリーナ」（右）

いで大理石のようにも見えるが、御影石のひとつにされている。近づいて見れば、赤いガーネットが散らばっている。似たものに、銀座三越新館の外壁の「カシミールホワイト」や、パレスホテル東京の名碑の「ラベンダーブルー」などがあり、有色鉱物の量や組織が少しずつ違うので比較してみよう。いずれも、砂質堆積物が地殻下部（地下20〜30㎞）で1000℃近い高温にさらされながら融けることなく再結晶した超高温変成岩（グラニュライト）であろう。

これらの岩石を調べることで、ロディニア超大陸の地下ではどんな地殻変動が起こっていたのか研究されている。日本列島ではお目にかかれない、ロディニア超大陸の歴史を記録した岩石を、石材として観察しながら、超大陸の歴史を感じてみよう。

約25億年以上前の超大陸のかけら

帝国ホテル・インペリアルタワーの外壁には、濃い赤の花崗岩「ニューインペリアルレッド」が使われている（103ページも参照）。赤色になっているのは、わずかに含まれる微細な赤鉄鉱のためである。黒雲母が少なく、石英の透明度が高くて黒っぽいから、

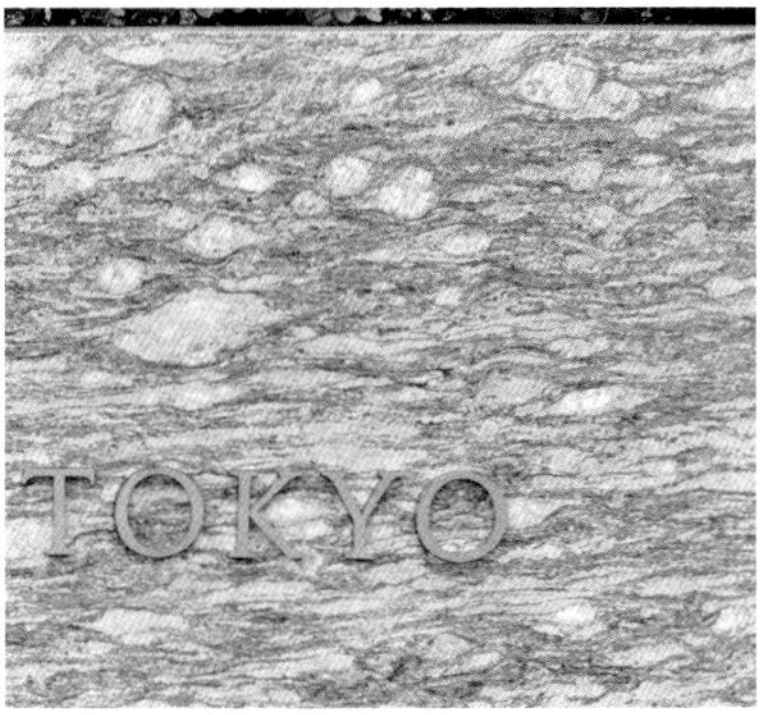

パレスホテル東京の名碑に使われている「ラベンダーブルー」

西新橋スクエア外壁の「チダホワイト」

「ニューインペリアルレッド」が使われた帝国ホテル・インペリアルタワー

「ニューインペリアルレッド」のクローズアップ（横約10cm）

落ち着いた濃い赤に見える。街の中でよく見かける御影石で、1980年代のビルに多い。もともと「インペリアルレッド（Götemar Granite）」というスウェーデン産御影石があって、それと似た石材ということだろう。

「ニューインペリアルレッド」は、インド南部に、東西幅30㎞で、南北に約400㎞にわたって分布する巨大な花崗岩体「クロスペット花崗岩」のひとつ

トヨタ自動車東京本社ビル外構の「ダコタマホガニー」（横約15cm）

で、およそ25億年前に貫入したマグマが、地殻を上昇している様子を残していると考えられている。おかげで、バリエーションに富んだ花崗岩が採掘され、世界中に輸出されている。

東京で見かける古い花崗岩としては「ダコタマホガニー」も挙げられる。トヨタ自動車東京本社ビルやNTTドコモ代々木ビルの外壁に使われているので見てみよう。

マホガニーという名前のとおり、全体的には赤みを帯びた褐色で、よく見ると、いろいろな色味が混ざっているが、鉱物に透明感があるせいか、結晶の境目が目立たない。アメリカ・サウスダコタ州北東部のミネソタ州に近い場所で採掘されている花崗岩で、約26億年前のものとされている。

高度経済成長期には、元祖「インペリアルレッド」も「マホガニー」というスウェーデン産の御影石が使われていた。それらも古い時代の花崗岩で、それぞれ約14億年前と19億年前と思われる。それらに似ているということで、新しく流通した「ニューインペリアルレッド」と「ダコタマホガニー」のほうが、形成年代は古いのだから面白い。いずれも約27〜24億年前にあった超大陸のかけらだと考えられている。

05

TOKYO MACHIKADO GEOLOGY

マントル上昇流で生まれた個性派御影石

パンゲア大陸の裂け目にできたマグマ

東京駅東北新幹線ホームの柱や東海道新幹線起点プレートに、キラキラ輝く石材が使われている。東京駅丸の内南口改札付近の柱にも、同様な石材が使われているが黒っぽい。それぞれ、「ブルーパール」、「エメラルドパール」という銘柄で、光が射し込むとモルフォ蝶のように青く反射して見えて大変美しい。どちらも、ノルウェー南部のラルビック周辺で採掘されており、同様の岩石をまとめて「ラルビカイト」と呼んでいる。汐留住友ビルや、住友不動産麴町ビル、銀座８８８ビルなどでは外壁に使われており、ビル全体がきらめいて見えるので、つい目が向いてしまう。

青く輝くのは、青い鉱物があるのではなく、油膜に色がついて見えるのと同じ〝光のいたずら〟。カリ長石の結晶内部に、成分が違う薄い膜（ラメラ）がたくさんあって（パーサイト構造）、その膜の表と裏で反射する光の干渉という現象で、見る角度を変えると色が変わって見える。

カリ長石は、白色からベージュ、ピンク、赤といった色調であるのが普通で、このような閃光を放つことはない。それは、結晶内に細かい空隙や不純物があるせいで、透明ではなくなっているからである。ところが、ラルビカイトのカリ長石は透明度が高いため、結晶内部まで光が入り込み、ラメラで反射して輝くことができるのである。

　ラルビカイトは、石材としては御影石のひとつにされているが、岩石としては花崗岩ではなく、石英をほとんど含まない閃長岩~モンゾニ岩にあたる。黒い鉱物は、黒雲母ではなく輝石。カリ長石が青くきらめくというだけでなく、鉱物の組み合わせもユニークな岩石である。

　ラルビカイトが生まれたのは約3~2億9000万年前で、パンゲア超大陸ができるときではなく、パンゲア超大陸ができた後のタイミングである。上昇

東京駅丸の内南口の「エメラルドパール」

東海道新幹線起点プレートに使われている「ブルーパール」

住友不動産半蔵門駅前ビルの外観（左）と外壁の「ブルーパール」（右）

「キャンブリアンブラック」が使われた東京国際フォーラムの外構。白い部分は「ランテンバーグ（インパラ）」

してきた熱いマントルが、大陸地殻の下を融かしてできたマグマだと考えられている。

ロディニア大陸が融けてできたマグマ

およそ12〜11億年前に、ロディニア超大陸の地下深部で生まれた岩石もユニークなものばかりである。

東京国際フォーラムの外構に使われている黒っぽい石材は、大粒の斜長石結晶がつくりだす幾何学的パターンがクールな印象。「キャンブリアンブラック」という銘柄で、カナダ・ケベック州産の斑レイ岩である。滑りにくくするためにジェット&ポリッシュ（JP）仕上げにされているから、幾何学的パターンが見えにくいが、きれいな部分をよく観察すれば見えると思う。

丸の内ビルディング外壁に使われている石材は、モノトーンでシックな印象。「レイクプラシッドブルー」

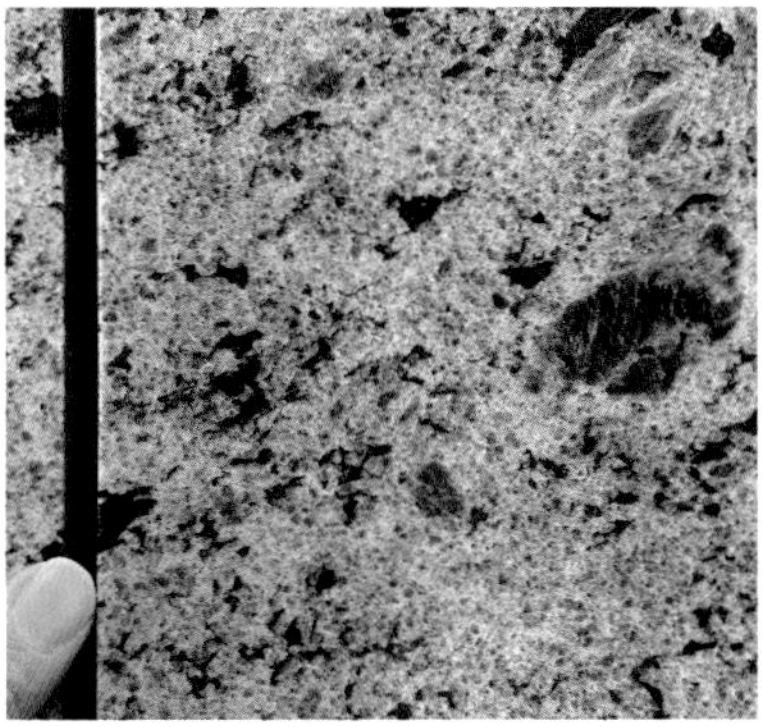

丸ビルの外壁の「レイクプラシッドブルー」

東京国際フォーラム外構の「キャンブリアンブラック」（黒色部分）

という銘柄で、国内のビル外壁ではおそらくここでしか見られない石材である。アメリカ・ニューヨーク州アディロンダック山地に分布するアノーソサイトが変質した岩石で、白っぽい部分が多いが、ところどころにグレーや黒っぽい部分が見られる。グレーの部分は大粒の斜長石で陽の光が射し込むとうっすら青く見えることがある。

髙島屋スクエア、大手センタービル、三井住友海上駿河台ビルなどの外壁に使われている石材は、赤みを帯びた濃いブラウンという特徴的な色合い。「ポリクローム」という銘柄で、カナダ・ケベック州産の花崗岩である。大粒のカリ長石が赤褐色であることに加えて、有色鉱物が多いせいか、全体的には濃いブラウンに見えることが多い。アーバンネット大手町ビルの「ディアブラウン」も、同じくカナダ・ケベック州産の花崗岩であるが、「ポリクローム」に比べて、赤みが少なく褐色味が強く、カリ長石のサイズが小さめである。

アメリカ・テキサス州産「テキサスパール」や「テキサスピンク」は、丸くて大きいカリ長石をたくさん含んでいる特徴的な花崗岩で、ラパキビ組織（190ページ参照）が見られることがある。日比谷マリンビルの壁に使われており、大柄で華やかな印象の模様だ。

大手センタービル外壁の「ポリクローム」　日比谷マリンビル外壁の「テキサスパール」

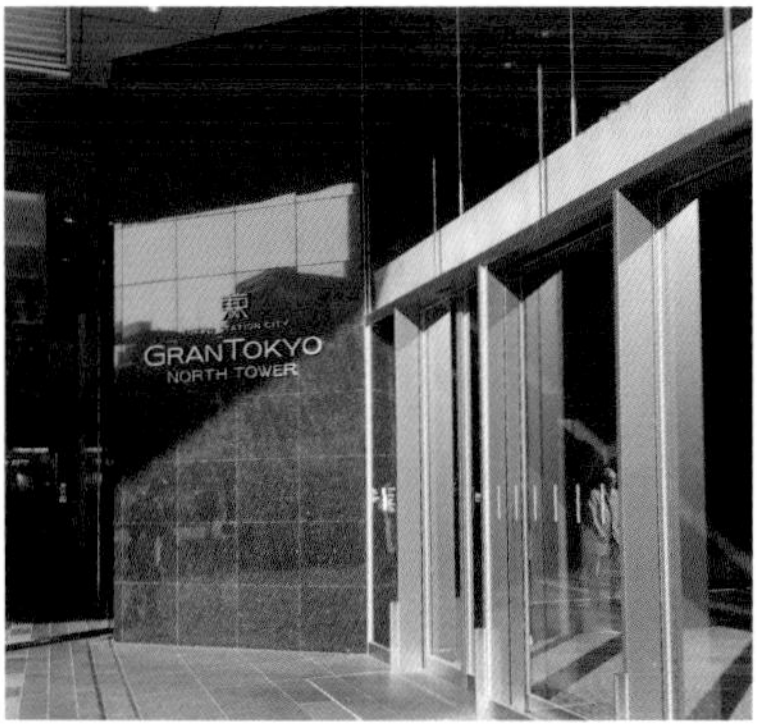

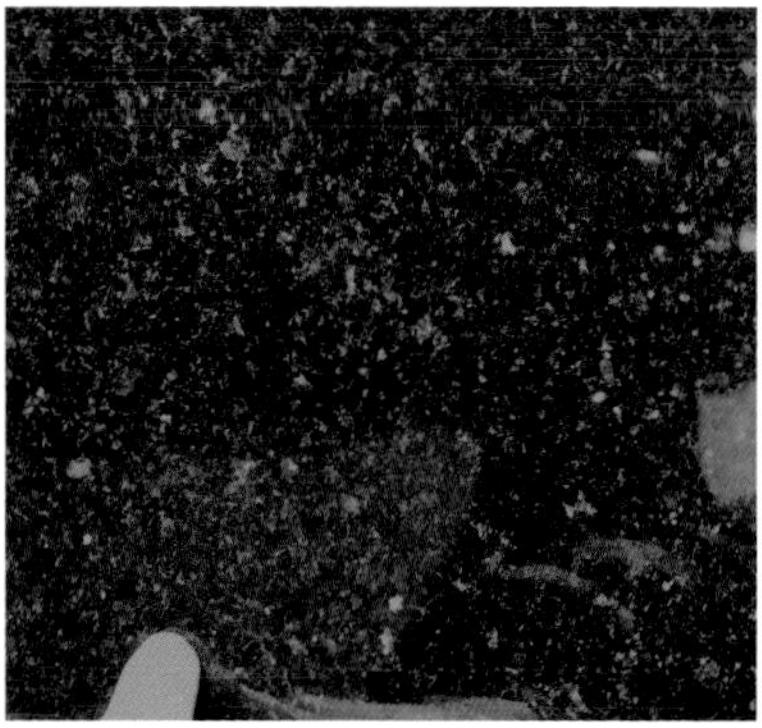

グラントウキョウノースタワーの玄関（左）と外壁に使われている「ブラックギャラクシー」（右）

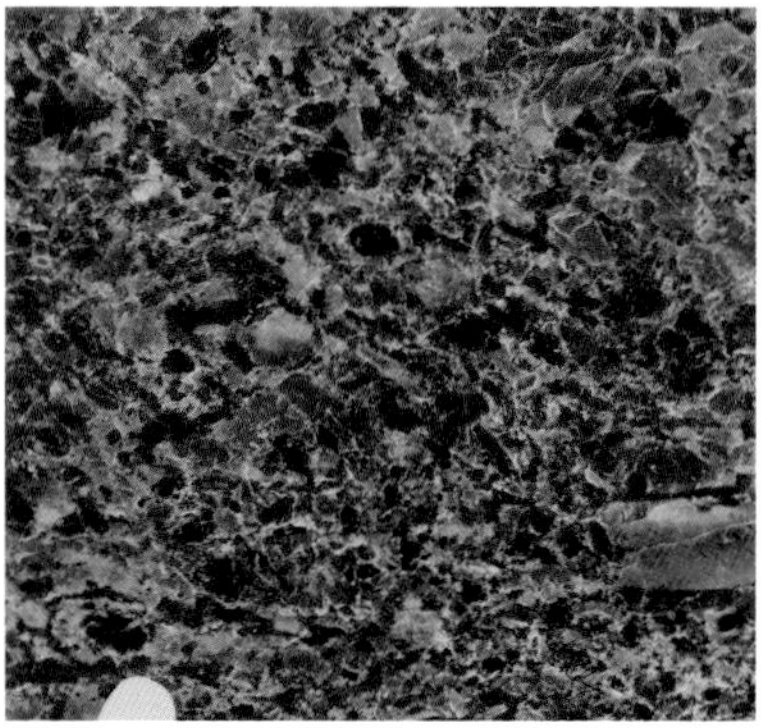

銀座の宝飾店ブシュロン（左）の外壁に使われている「ラブラドールアンティーク」（右）

北米以外のものでは、インド・アーンドラプラデーシュ州産の斑レイ岩（ノーライト）「ブラックギャラクシー（スターギャラクシー）」が、東京駅八重洲北口にあるグラントウキョウノースタワー入口の外壁に使われており、金色のラメでも散りばめられているかのようにきらめいている。銀座の宝飾店ブシュロンや麹町大通ビルの外壁に使われている「ラブラドールアンティーク」はノルウェー産のアノーソサイトで、褐色の石の中に青い反射が美しい。前述のラルビカイトと似ているが、まったく違うタイプの岩石である。

これらの岩石は、国産の御影石に見慣れているほど、御影石の仲間には見えないのではないだろうか。それは、前述したような海洋プレートの沈み込みによってできたマグマではないからである。ロディニア超大陸成立後、地下深部から上昇してきた熱いマントルによって、大陸地殻が部分融解してできたマグマだと考えられている。

COLUMN

月の石　アノーソサイト

月の明るい部分（月の高地）は、白っぽいアノーソサイトという岩石である。月面に着陸した宇宙船アポロが持ち帰ったサンプルを見ると、たしかに白い。アノーソサイトは、大部分が斜長石という鉱物でできている岩石で「斜長岩」とも呼ばれる。アポロが持ち帰った岩石の研究によって、月が生まれたころ、マグマの中で結晶化したカンラン石や輝石などが沈む一方、斜長石が浮かんでアノーソサイトの月の地殻（高地）ができたと考えられるようになった。

（写真：NASA）

地球のアノーソサイトは白っぽくないことが多く、月のアノーソサイトとはずいぶん違う石に見える。青く輝くものは「ラブラドライト」と呼ばれ、特に美しいものは宝石にもされる。ラルビカイト（184ページ）と似ているが、まったく違う岩石である。月のアノーソサイトとは少し違うプロセスで形成されたのだろうが、詳しいことはわかっておらず、月や原始地球のマグマ活動の謎を解く鍵となる岩石である。日本でアノーソサイトが露出しているところはないのだが、東京の街中で見ることができるのだからありがたい。

16億年前のラパキビ花崗岩

永田町の山王パークタワーアネックスや新橋の第一ホテル東京の外壁には、ユニークな模様が見える花崗岩が使われている。フィンランド産の「バルチックブラウン」という銘柄で、まるで大福餅を切ったような模様に見える。丸い粒は褐色のカリ長石で、灰緑色の斜長石で縁取られている。その内部には細かい黒雲母が環状配列していることもある。鉱物の結晶は、平面で囲まれた外形をしているのが普通だから、マグマの中にできた後、何らかの理由で融けて丸くなったのではないかと考えられている。このような模様（組織）を「ラパキビ組織」といい、ラパキビ組織が見られる花崗岩を「ラパキビ花崗岩」という。ラパキビとは、フィンランド語で「ボロボロ崩れやすい石」という意味で、風化すると大きなカリ長石がボロボロ崩れやすいから、そう呼ばれるようになったようだ。

山王パークタワーアネックスの外構には「バルチックブラウン」と「プラタガウチョ」が使われている

ラパキビ花崗岩で代表的なのは、フィンランド南部からロシアにかけて分布する約16億年前のもの（ヴィボルグ岩体）で、地下25㎞くらいのかなり深いところの大陸地殻が少し融けてできるマグマが固まったと考えられている。石材としては「バルチックブラウン」のほか、濃い緑の「バルチックグリーン」や赤味が強い「カルメンレッド」などが採掘されている。ラパキビ花崗岩ではないが、同じ時期のものとして、交通会館の柱に使われているフィンランド産「バルモラルレッド」や、都庁外壁に使われている「スウェディッシュマホガニー」などがある。

ラパキビ花崗岩は、北欧に限らず、アメリカやブラジルなどでも広く分布しているし、形成年代が限定されているわけでもない。前述の「テキサスパール」や「テキサスピンク」もラパキビ花崗岩の一種である。ラパキビ組織が見られることがあるので、探してみよう。

褐色の丸いカリ長石のまわりに灰緑色の斜長石が取り囲んだラパキビ組織がよく見える「バルチックブラウン」

20億年前の巨大なマグマだまり

約20億年前の地下に存在した巨大なマグマだまりの跡が、南アフリカに残っている。「ブッシュベルド（ブッシュフェルト）複合岩体」と呼ばれ、その分布域は、東西約５００㎞、南北約２５０㎞で、厚さ約７㎞にも及ぶのだから、とてつもなく大きなマグマだまりだ。やはり、地下深部から上昇してきた熱いマントルによって、地殻深部が融かされてできたと考えられている。

その巨大マグマだまりの跡には、地層のような層状構造が見える。マグマがゆっくり冷えながら固化していく際、軽い（密度が小さい）鉱物が上部に浮かび、重い（密度が大きい）鉱物が下に沈んだためである。

マグマだまりの底に溜まった、密度が大きいプラチナ（白金）やクロム鉄鉱などが大鉱床となっており、世界のプラチナ産出量の約3分の1、クロム産出量の半分近くが南アフリカで採掘されているという。こうした有用金属が多い部分は、粉々に砕かれて採掘されるわけだが、その上にある岩石も、石材としてブロック状に採掘されている。

そのひとつが「ベルファースト」で、マグマだまりの下部にできた斑レイ岩である。日比谷ダイビル（1989）

都庁のまわりの彫刻の「ラステンバーグ」

レンガ色の横浜市中央図書館の外観

横浜市中央図書館の「アフリカンレッド」の外壁（JP仕上げ）

の外壁や外構に使われている。遠目には真っ黒の石に見えるが、近づいて観察してみると、輝石と斜長石の結晶が濃淡の差によって幾何学パターンをつくっているのが分かる。

マグマだまりの中央部で切り出されているのが「ラステンバーグ（インパラブラック）」で、ＪＲ四ツ谷駅の駅舎外壁、ＫＤＤＩ大手町ビルの柱、東京都庁の外構などに使われている。研磨面を観察すると、白っぽい半透明の斜長石が、ベルファーストよりも明らかに目立つ。「ラステンバーグ」は、大規模に使われていることは少ないが、見かける頻度が多いので、黒っぽい石材を見つけたらチェックしてみよう。

「ラステンバーグ」のクローズアップ（横約8cm）

マグマだまりの上部には赤っぽい花崗岩「アフリカンレッド」が貫入している。カリ長石が濃い赤色で、石英が濃い灰色だから、全体的には濃い赤という印象となる独特の色合いである。横浜市中央図書館の外壁全体に使われており、遠目にはレンガ色で落ち着いた雰囲気となっている。

東京の街中には、ブッシュベルド複合岩体以外にも、およそ20億年前に生まれた黒っぽいドレライトという岩石も見られる。吾妻橋のスーパードライホールに使われているジンバブエの「ジンバブエ・ブラック」や、中国の「山西黒（シャンシーブラック）」などがあり、割れ目に入ってきたマグマが比較的急冷したため鉱物の粒が細かくなっている。遠く離れた場所なのに、同じ時期に黒い石材が生まれたというのだから興味深い。

こうした岩石は日本に露出していないので、石材としてでなければ、国内でお目にかかる機会はまずないだろ

「ジンバブエ・ブラック」が使われたスーパードライホール（写真：高部哲男）

う。日本列島の歴史よりもずっと長い地球の歴史の中で生まれた石たちが世界じゅうから集められ、東京の街を彩っている。

スーパードライホールの「ジンバブエ・ブラック」のクローズアップ

参考文献

袴田和夫ほか（2005）箱根火山の K-Ar 年代．火山 Vol. 50, pp.285-299.

一色直記（1987）新島地域の地質．地域地質研究報告（5万分の1地質図幅）．地質調査所 85 p.

Iryu et al.（2006）Introductory perspective on the COREF Project. Island Arc 15, pp.393-406.

寒河江健一ほか（2012）" 沖縄本島南部に分布する琉球層群の層序．地質学雑誌 118, pp.117-136.

山元孝広（2006）1/20万「白河」図幅地域の第四紀火山：層序及び放射年代値に関する新知見．地質調査研究報告 vol.57, pp.17-28.

佐藤 景・石渡明（2013）板状節理の形成メカニズム．日本地質学会学術大会講演要旨

吉川敏之（1998）栃木県宇都宮地域に分布する新第三系の地質と層序．地質學雜誌 Vol.104, pp.346-356.

Jorry, S.J.（2006）Hydrodynamic behaviour of Nummulites: implications for depositional models. Facies vol. 52, pp. 221 - 235.

Silva, Z.C.G.（2017）Lioz—a Royal Stone in Portugal and a Monumental Stone in Colonial Brazil. Geoheritage.

Carvalho, J.（2003）PORTUGUESE ORNAMENTAL LIMESTONES. International Symposium on Industrial Minerals and Building Stones, Istanbul.

Callapez, P.M.（2008）Palaeogeographic evolution and marine faunas of the mid-Cretaceous Western Portuguese carbonate platform. Thalassas vol.24, pp.29-52.

Yilmaz, I.O. et al.（2016）Upper Jurassic–Lower Cretaceous depositional environments and evolution of the Bilecik（Sakarya Zone）and Tauride carbonate platforms, Turkey. Palaeogeography, Palaeoclimatology, Palaeoecology 449, pp.321–340.

Okay, A. and Altiner ,D.（2006）Carbonate sedimentation in an extensional active margin: Cretaceous history of the Haymana region, Pontides. International Journal of Earth Sciences 105, pp.2013–2030.

Schmidt, D. U., Leinfelder, R. R. & Schweigurt, G., 2005, Stratigraphy and Palaeoenvironments of the Upper Jurassic of Southern Germany – A Review., Zitteliana, B26: pp.31–41.

Leinfelder et al.（2005）4th International Symposium on Lithographic Limestone and Plattenkalk, Eichstatt/Solnhofen, Germany September 12th - 18th, 2005. Bayerische Staatssammlung fur Palaontologie und Geologie, 2005. Zitteliana. An International Journal of Plalaeontology and Geobiology.

Kölbl-Ebert, M. et al.（2005）4th International Symposium on Lithographic Limestone and Plattenkalk Eichstätt/Solnhofen, Germany. Zitteliana Series B.

Martire et al.（2006）The Rosso Ammonitico Veronese（Middle-Upper Jurassic of the Trento Plateau）: a proposal of lithostratigraphic ordering and normalization. Rivista Italiana di Paleontologia e Stratigrafia 112.

Boulvain, F.（2001）Facies architecture and diagenesis of Belgian Late Frasnian carbonate mounds. Sedimentary Geology vol.145, pp.269-294.

Boschian, G., Cattani, L. & Romagnoli, S., 2002, L"Onice del Carso" in località Fornace Aurisina（Trieste, Italy）., Razprave IV. Razreda SAZU, XLIII-2, pp.31-48.

狩野彰宏（2016）トラバーチンとその生成モデル：無機的炭酸カルシウム沈殿の新しい速度則．九州大学地球社会統合科学 Vol. 23, pp.67-76.

野田光雄（1968）赤坂石灰岩の紅縞と更紗の成因について．地質学雑誌 Vol.74, pp.313-317.

中澤努ほか（2016）国内産古生代大理石石材の岩相とその成因．石灰石 Vol.399, 石灰石鉱業協会

Carmignani L., et al.,（2005）Marbles and other ornamental stones from the Apuane Alps（northern Tuscany, Italy）. Giornale di Geologia 1, pp.233-246.

Roberts, D. et al.（2001）Tectonic structural features of the Fauske conglomerates in the Løvgavlen quarry, Nordland, Norwegian. Caledonides, and regional implications. Norsk Geologisk Tidsskrift, Vol. 81 , pp.245-256.

宮崎一博・笹田政克・服部 仁（1992）筑波山塊周辺の変成深度（圧力）の異なる Low P/T 変成岩類．地質学雑誌 vol. 98, pp.713-722.

高橋裕平・宮崎一博・西岡芳晴（2011）筑波山周辺の深成岩と変成岩．地質学雑誌 vol. 17 補遺 pp.21-31.

服部仁（2014）石材の基礎知識．石文社 200p.

磯崎ほか（2011）活動的大陸縁の肥大と縮小の歴史—日本列島形成史アップデイト—．地学雑誌 Vol. 120, pp.65-99.

Gaggero, L. et al.,（2017）U-Pb geochronology anc geochemistry of late Palaeozoic volcanism in Sardinia（southern Variscides）. Geoscience Frontiers Vol. 8, pp.1263-1284.

GoNzáLez-MeNéNdez, L. et al.（2017）Petrology and geochronology of the Porriño late-Variscan pluton from NW Iberia. A model for post-tectonic plutons in collisional settings. Geologica Acta, Vol.15, pp.283-304.

Fernández-Suárez, J. et al.（2011）Iberian late-Variscan granitoids: Some considerations on crustal sources and the significance of 〝mantle extraction ages〟. Lithos Vol.123, pp.121–132.

Kröner, A.; Stern, R. J.（2004）. Pan-African Orogery. In Selley, R. C.; Cocks, R.; Plimer, I.（eds.）. Encyclopedia of Geology.

Harley, S.L. et al.（2013）Antarctica and supercontinent evolution:historical perspectives, recent advances and unresolved issues. Geological Society London Special Publications.

Gray, D.R., Foster, D.A., Meert, J.G., Goscombe, B.D., Armstrong, R.,Truow, R.A.J. and Passchier, C.W., 2008. A Damaran perspective on the assembly of southwestern Gondwana, Geological Society of London Special Publication 294, p. 257-278.

Gray, D.R. (2008) A Damara orogen perspective on the assembly of Southwestern Gondwana. Geological Society London Special Publications 294 pp.257-278.

Murphy, J.B. (2018) Role of Avalonia in the development of tectonic paradigms. Geological Society, London, Special Publications, 470, 23.

Spencer, C. (2015) Generation and preservation of continental crust in the Grenville Orogeny. Geoscience Frontiers Vol. 6, pp.357-372.

Peck, W.H. et al. (2013) Orogenic to postorogenic (1.20–1.15 Ga) magmatism in the Adirondack Lowlands and Frontenac terrane, southern Grenville Province, USA and Canada. Geosphere vol. 9, pp.1637-1663.

Li, Z.X. et al. (2008) Assembly, configuration, and break-up history of Rodinia: A synthesis. Precambrian Research Vol.160, pp.179–210.

Dasgupta, S., et al. (2013) Tectonic evolution of the Eastern Ghats Belt, India. Precambrian Research Vol.227, pp.247–258.

Moyen, J.-F. et al. (2003) Syntectonic granite emplacement at different structural levels: the Closepet granite, South India. Journal of Structural Geology 25, pp.611–631.

Andersen, T., et al. (2008) Alkaline rocks of the Oslo Rift, SE Norway: A field trip with emphasis on felsic to intermediate intrusive rocks and their associated mineralizations. Publication of the Department of Geosciences, University of Oslo, 54p.

Windley, B.F. (1993) Proterozoic anorogenic magmatism and its orogenic connections. Journal of the Geological Society, London, Vol. 150, pp.39-50.

Dempster, T.J., et al. (1994) The Origin of Rapakivi Texture. Journal of Petrology Vol. 35.

Vernon, R.H. (2016) Rapakivi granite problems: plagioclase mantles and ovoid megacrysts. Australian Journal of Earth Sciences Vol. 63, pp.675-700.

Wanvik, J.E. (2000) Norwegian anorthosites and their industrial uses, with emphasis on the massifs of the Inner Sogn-Voss area in western Norway.

Pivko (2003) Natural stones in Earth's history. Acta Geologica
Universitatis Comenianae 58: pp.73-86.

Pivko (2004) World's quarries of commercial granites - localization
and geology. pp. 147-152 in Dimension Stone 2004, New Perspectives
for a Traditional Building Material, Proceedings of the International
Conference on Dimension Stone 2004, 14-17 June 2004, Prague, Czech Republic.

おわりに

石材が、東京の魅力のひとつであることは間違いない。なにしろ、人が多い場所が苦手で自然の中を歩きながら石を叩いているのが好きな私が、東京の街歩きにハマってしまったのである。石を見て何を面白がっているのか、読者の方に多少なりとも理解いただけたならうれしく思う。いつか本書を片手に石材観察を楽しんでいる人を見かけて、一緒に盛り上がるなんていう出会いがあることを期待している。

実際、石のおかげで多くの人と出会い、世界が広がった。自然の造形である石の魅力を引き出している人たちの存在に気付くことができた。岩石の露出だけでなく、建築様式や石橋など石造物に目が行くようになり、石と関わる文化、歴史、芸術、経済、交通、地理などに触れることができた。地質学や地球科学に留まらない世界へ、よもや石が導いてくれるとは思っていなかった。それぞれの世界で活躍している方々との出会いは、何ものにも代え難い。

石を通して見えてきた世界を紹介しようと本書を執筆するにあたっても、その道のプロのサポートが不可欠であった。近代の石材利用については国士舘大学の乾睦子教授にご教示いただくとともに、本書の執筆にあたってアドバイスを頂いた。名古屋大学博物館の大路樹生教授、吉田英一教授、筑波大学の角替敏昭教授には、日頃から私の石材研究に協力いただいているだけでなく、粗稿に対して有益なコメントを頂戴した。矢橋大理石㈱の矢橋修太郎社長、三木隆則氏、平工昌継氏、ほか同社社員の方々には、建築石材についてご教示いただくとともに研究用サンプルを提供いただいた。イースト・プレス編集部の高部哲男氏は本書が少しでもわかりやすくなるよう構成を練って下さった。そのほか、石材調査にあたって協力いただいた数多くの関係者の方々、日頃から活動を応援してくれた妻や仲間たちがいなければ書き上げられなかった。ご支援いただいたすべての方にお礼を申し上げたい。そして、多くの人たちと出会うきっかけをつくってくれた石たちにも感謝したいと思う。

西本昌司

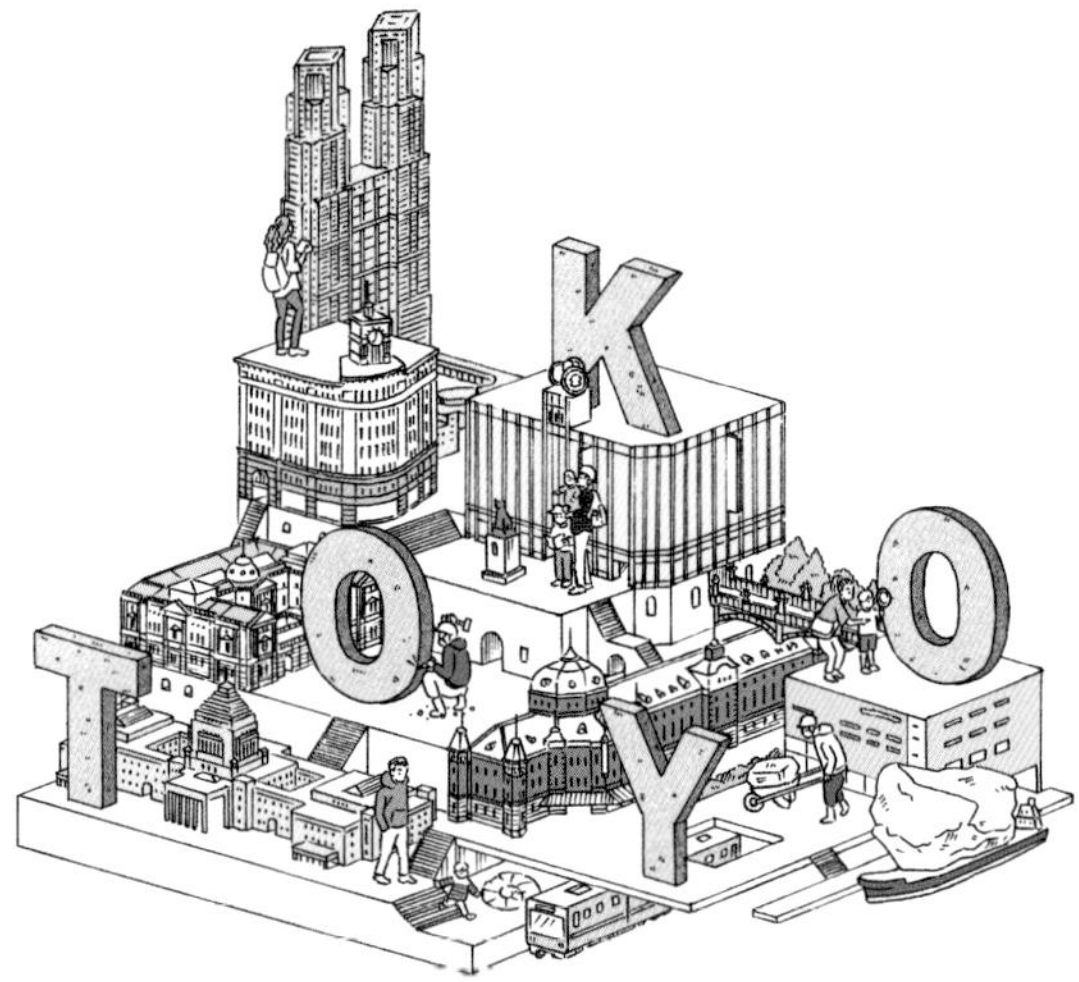

東《とう》京《きょう》「街《まち》角《かど》」地《ち》質《しつ》学《がく》

2020年2月25日　第1刷発行

著　者　　西《にし》本《もと》昌《しょう》司《じ》

ブックデザイン　菊池 祐
装　画　越井 隆
校正校閲　鴎来堂
本文DTP　佐藤遥子（Y's Design Works）
図版作成　小林寛子
編　集　高部哲男
発行人　北畠夏影
発行所　株式会社イースト・プレス
〒101-0051　東京都千代田区神田神保町2-4-7
久月神田ビル
電話 03-5213-4700
FAX 03-5213-4701
https://www.eastpress.co.jp
印刷・製本　中央精版印刷株式会社

ISBN 978-4-7816-1858-6